はじめに

「貯蓄から投資へ」。

このキャンペーンは、小泉内閣の頃、2001年6月の「骨太の方針」の中に盛り込まれた。

我が国の株式や投資信託等へのいわゆるリスク性資産の割合は、15％前後に留まっており、依然として現預金の割合が50％以上を保ったままとなっている。一方、米国は、リスク性資産は50％弱、現預金は15％弱と、我が国と全く反対の状況だ。

投資は、企業価値を向上させ、日本の国富を増大することになり、それによりリターンが得られる。

別項でも述べるが、退職後の夫婦家庭では、厚労省調査で月当たり55,000円、本稿では100,000円の不足が出ると見込んでいる。その不足分を補う手段は、資産運用だ。基本は「長期・積立・分散・低コスト」である。

投資を推進するキャンペーンは国がやるとしても、一般消費者を安心して支援する団体が必要であり、そのために訓練を受けた「利益相反を排除」し、「顧客の利益を第1に考える」制度に基づいた数万人レベルの集団が必要だ。

私は、そうしたグループを米国でこれまで見てきた。私は、そうした制度を日本に導入したいのである。

私はファイナンシャル・プランナーになって15年になる。外資系メーカーを退職した後、資格の入門と言われる宅地建物取引主任者（現、宅地建物取引士）の資格を取得した後、日本FP協会のＡＦＰ，続いてＣＦＰⓇ，さらに国家試験の1級フ

ファイナンシャル・プランニング技能士の資格を取得した。さらに、2015年には、投資助言業を個人として登録した。

　最初から、ファイナンシャル・プランナーとして独立開業を目指していた。また外資に勤務していたことも有り、ＣＦＰⓇ資格は米国から賦与されていると知り、米国制度の研修を希望していた。

　ＣＦＰⓇ取得後、米国の各地で開催されるファイナンシャル・プランナーのカンファレンスに、毎年参加して来た。2019年で合計13回目になった。最初の6回は、会員数7万人のFPA，後半7回は投資顧問業で会員数約3000名のNAPFAという大会に参加している。

　13回の内、最も印象が強いのは、やはり初めて参加したテネシー州ナッシュビルのＦＰＡの大会だ。その規模の凄さ。参加者は3,500名、協賛企業300社。これ程の大会を開けるアメリカのファイナンシャル・プランナーの凄さに圧倒された。カンファレンスは3日間に渡り続く。勿論全て英語で進む訳だが、英語言語が耳を通り過ぎてゆき、なかなか残らない。

　手元にあるプリントしたレジュメ資料を見ながら、内容を理解するように努めた。

　後半のNAPFAは実務家の団体でInternationalではない。FPAの大会に参加しながらNAPFAの展示コーナーに行き、コネを作るまで3年掛かってやっとチェアーマンが合ってくれた。

　カンファレンスの前後には、ファイナンシャル・プランナー事務所を訪問する。

　米国へ毎年参加しようといるモチベーションはこのファイナンシャル・プランナー事務所訪問だ。訪問先の事務所の入って

いるビルのロケーションをみて、事務所の豪華さに驚き、そして外国人である我々に自社の状況を説明してくれる。

　我々も少なくも日本の投資アドバイザーとして同業であり、競争相手かも知れないのに、こんな企業秘密を教えてくれてよいのかという程、説明してくれる。

　自社の規模、社員数とその役割、顧客数、預り資産の金額、報酬制度、マーケティング活動、自社のサンプル提案書等々。最後は事務所のオーナーを囲んで全員で記念撮影。

　提案書のサンプルは本当に有難かった。提案書はファイナンシャル・アドバイザーの商品であり、その仕上げに全霊を込めてアドバイスする。ある事務所のサンプルは、全体で約100ページ。前半が先ず契約条項から始まり顧客への提案書、後半がその出典資料や、付属資料となっている。

　米国と日本での投資アドバイスザーの違いは、相談は有料であるという基盤があること。日本でも医師や、弁護への相談は有料であるのは一般的だが、日本では金融関係者は金融商品を販売することで利潤を得るのが一般的と見られ、投資相談は無料の風潮がある。

　銀行や、証券会社、保険会社、不動産会社などでは「相談無料」としている。

　この点、米国の方は成り立ちからして専門職として、法律も整備され、アドバイザー側もそのための技能を磨き、自社のスタッフを専門化して対応して来ている。

　米国に初めて行った2006年10月大会で、「NYダウ工業株が史上初めて12,000ドルを越えましたー」と、司会者が壇上から報告すると全員が拍手をしたが、それから14年経過した今

や、ダウは 29,000 ドルを越えた。同時期 2006 年 10 月の日本の日経平均株価は、16,500 円ほどで 20 年 1 月には 24,000 円台に。同じ期間で NY ダウは 2.3 倍、日経平均は 4 割増という成長の角度の違いを見せてきた。

　また、2008 年の 9 月の米国ファイナンシャル・プランナー大会も劇的だった。米国では 2007 年頃から住宅バブルが指摘されていたサブプライム・住宅ローンという証券が暴落して、大会のセッションでは「Financial Crisis」のテーマが多くあり、ホテルで見るテレビではこのテーマで持ち切りだった。

　大会で基調講演をしていた人が、その日の CNN に出ていたのには驚いた。

　結局、2008 年 9 月 15 日にリーマン・ブラザーズは連邦倒産法チャプター 11 を適用して倒産した。これに伴い、日本でも 9 月 12 日は終値 12,214 円が 10 月 28 日には 6,994 円まで下落した。「100 年に 1 度」（FRB のバーナンキ議長が最初の発言者といわれる）と言われたリーマンショックだった。米国の TV でリーマンの社員が、段ボールを抱えて出て来た映像を見た時は、その後のすざまじい事態の始まりとは余り感じていなかった。それから米国では約 2 年半でリーマン前に戻し、日本でも 4 年半ほどで戻した。

　米国 FP 大会に参加して、最初の頃はライフ・プランニングに注力してセッションにも参加し、ファイナンシャル・プランナーの事務所訪問した際も質問をライフに向けていた。しかし数年経過した事務所訪問時、「ファイナンシャル・プランナーにとってはライフ・プランニングが基礎であり、金融だけに的を絞るのはおかしくないか？」と質問した。すると、そのオーナ

ーは、ライフ・プランニングをメインに扱うのは危険（danger）だと答えた事が、以後私の脳裏から離れない。

それ以後、これは日米同じ資格であっても、やっていることが違うのではないかと考え始めた。つまり、米国ではCFP®の会社が顧客からお金を預かって運用をする「一任勘定」取引が主流なんだと気づくまでさらに2−3年掛かった。

米国ではCFP®の詳しい内容は、第5章で「米国の独立ファイナンシャル・プランナー」の説明の中で詳しく述べるが、投資の土壌の違いを知ることになった。

以後何とかこうした制度を日本に移転できないかと模索を始めた。

日本FP協会東京支部の中に、「SGプロFP道場」という勉強会を立ち上げた。初めは11名からの出発だったが、15年たった今は60名超える素晴らしい仲間の集団が切磋琢磨している。ただし、こうした勉強会は勉強会に専念し、対外的活動は禁止されているので、別に独立系のファイナンシャル・プランナー集団の団体「LLP　首都圏ファイナンシャル・プランナー技能士会」を結成し、東京都技能士会連合会に加盟した。

この団体は、NAPFAの入会基準と同じく「Fee-Only」、つまり商品の販売はせず、あくまで顧客とは投資顧問契約により顧問料として報酬を受ける人に限ると規則に定めた。

今では、こうした「利益相反の排除」、「顧客の利益を最大化」すべく顧客サイドに立ちアドバイスするメンバーだけが参集してくれている。

「貯蓄から資産形成へ」とするキャンペーンの中で、それを実行・推進していく集団に成るはずだ。

本年1月、中国武漢を発症地とする新型コロナウィルス感染

症が、横浜の15万トンのクルーズ客船の乗客・乗員合計約3,700名を襲った。日本としては、初めての緊急事態に恐れ慄く事態が起きた。その頃から、中国からの帰国者や旅行者からウィルスが日本各地に次第に拡散していき、各地でクラスターと呼ぶ発症事例が多発。ついに3月7日に至り、東京、大阪など7都府県に緊急事態宣言を発令することになった。4月中旬には1日の感染者が600名を超すほどに広がる。この頃、マスクや消毒液がお店から消えた。医療機関の対応も後手後手で、中等症者や重症患者の受入施設の不足、さらに検査体制が一向に進まないことも非難の的となった。

　学校、企業の休業要請が続く中、密閉、密室、密集の「3密」を避け、外出は控えましょうと「ステイホーム」という言葉もでた。

　この頃、内閣の発案で各家庭にマスクを配布すると発表があった。「アベノマスク」と呼ばれたが、配布される頃には既に山を越していたし、サイズが小さく評判は芳しいものではなかった。

　政府は1次補正予算を組み、事業規模100兆円超。その後の2次補正でもさらに100兆円超で、給与遅れ対策、賃料補てん、企業の事業継続支援、医療従事者や介護従事者への支援等々十分とは言えないが、支援のネットが広がりつつある。

　この間、株価は世界的に2ヶ月ほどで約30%下落している。

　こうした厳しい経済状勢の中、資産形成の本書を発刊することとなった。

　本書刊行に当たっては、NAPFAのアン・グーグル氏、また私達をNAPFAの大会に参加を許可してくれた時のチェアーマン、スーザン・ジョン氏に心から感謝したい。

また、米国訪問時私達を受け入れて下さった多くのファイナンシャル・プランナーの諸氏にもお礼を言いたい。また、刊行に当たって指導してくれたビジネス教育出版社の高山芳英氏には、言葉で言い尽くせぬお世話になった。この場を借りて厚く御礼申し上げる。

2020 年 5 月

小林　治行

目　次

はじめに

第1章　ファイナンシャル・プランニング

第2章　資産運用は怖くない。正しい資産運用とは何か？

第3章　老後に備える！年金、確定拠出年金等を理解する

第1章

ファイナンシャル・プランニング

1-1　お金のことで困らないために、ファイナンシャル・プランナーに相談するくせをつけよう

　先進諸国に比べて日本は、金融教育が遅れている。最も進んでいる国の一つであるイギリスでは、小学校でお金の授業がある。アメリカでも子供の頃からファイナンスリテラシーを身に着けさせるために、モノポリーなどのボードゲームを使って教育を行っている。そのため彼ら欧米人は、お金の根拠を持った人生設計である「資金計画」を立てるのが日本人の何倍も上手だ。それにも関わらず、彼らはファイナンシャル・プランナーにしばしば相談する。詳しいからこそ、疑問が湧き出てくるのだ。そして専門家に意見を求める。

　一方日本人は、お金に関する知識があまりにもなさ過ぎて疑問すら思いつかないようだ。ある程度知識がないと自分が大問題に陥っていることすら気付かず、崖っぷちに立たされてからようやく重要性を理解する。

　近年話題になっている年金2,000万円問題は、その典型だ。そもそも10年以上前から分かりきっていた事実をメディアがセンセーショナルに取り上げたことをキッカケにようやく自分が崖っぷちに立っていたのに気付いたのだ。

　手遅れにならないためには、いち早くお金について学ぶか適切なアドバイザーを見つける必要がある。

1-2 ファイナンシャル・プランナーとは？

　家計や老後の不安などへの漠然としたお金の悩みを解決するスペシャリストがファイナンシャル・プランナーだ。ファイナンシャル・プランナーの最高峰であるファイナンシャル・プランニング1級試験の試験範囲を以下に抜粋してみた。

図1：ファイナンシャル・プランニング技能士　1級　試験範囲

A	ライフプランニングと資金計画	
	1	ファイナンシャル・プランニングと倫理
	2	ファイナンシャル・プランニングと関連法規
	3	ライフプランニングの考え方・手法
	4	社会保険
	5	公的年金
	6	企業年金・個人年金等
	7	年金と税金
	8	ライフプラン策定上の資金計画
	9	中小法人の資金計画
	10	ローンとカード
	11	ライフプランニングと資金計画の最新の動向
B	リスク管理	（細目は省略）
C	金融資産運用	（細目は省略）
D	タックスプランニング	（細目は省略）
E	不動産	（細目は省略）
F	相続・事業承継	（細目は省略）
実技試験		
I	資産相談業務	（細目は省略）
II	資産設計提案業務	（細目は省略）

いかがだろうか。税金・法律・不動産・保険・金融・生活設計など多岐に渡る。本来、こういった知識がなければ、正確にライフプランを設計できない。読者の方々は、こういった知識をしっかり持っていると自信を持って言えるだろうか。もし言えないなら、信頼できるファイナンシャル・プランナーを見つけて、相談する意義は大きい。

　本章後半では、私の所に相談にきてくれた方に許可をとり、仮名で実際の相談内容を掲載している。相談者の資産状況や希望などによって提案内容は千差万別だ。それを前提に、どういった提案を受けられるのかを是非感じてほしい。

どんな人が信頼できるファイナンシャル・プランナーなのか

　信頼できるファイナンシャル・プランナーは闇雲に投資や貯金を勧める営業マンではない。顧客と強い信頼関係の上に立って、顧客の生活環境や将来の資金を総合的に評価・分析し、アドバイスを行う。ただし中には、顧客利益を最大化するという本義を忘れ、自身の営業実績や手数料獲得に注力している人が多いのも事実だ。

　「フィデューシャリー・デューティー」という言葉がある。1970年代に米国でクローズアップされたこの言葉は、信認を受けたものが履行すべき義務を指す。日本では2014年に金融庁の「平成26事務年度金融モニタリング基本方針」の中で「顧客本位の業務運営」という意味で初めて使われている。このフィデューシャリー・デューティーこそ信頼にたるアドバイザーにとって最も重い倫理規定だ。

「顧客本位の業務運営」とは具体的に何か

　1974年米国において企業年金の加入者が有する受給権の保護を目的としてのエリサ法が制定された。エリサ法におけるフィデューシャリー・デューティーとは、最終受益者（年金受給者）の利益の為だけに受託者の責任として各種義務を負っており、次の責任を果たすことと列記されている。

1) 忠実義務（専らに利益を与え、年金プランの管理費用を合理的なものとすること）
2) 注意義務（同等の能力を有し、同様な事情に精通している思慮深い者が、当該状況において用いる事となる配慮、技能、思慮深さ、熱心深さを持って職務を遂行すること）
3) 分散投資義務（リスク回避の為に、その行う投資を分散させること）
4) 規約遵守義務(年金プランに関連する規約を遵守すること)

誰に相談するべきかわからない FP 業界

　今日本では、ファイナンシャル・プランナーの資格を持っている人の数が50万人以上いると言われ、その正確な数値は不明である。その理由は、ファイナンシャル・プランナーの団体が二つあり、それぞれの団体は数を発表しているが、多くの人が掛け持ちをしているからである。

　特に金融財政事情研究会（通称きんざい）が発表している人数は、資格試験を合格した人数である。一人の人が3級、2級、1級と受験し合格したら一人で3回カウントされる。

また上級資格とされているCFP®と1級FP技能士の両方を保持している人も多い。著者自身も、CFPと1級FP技能士の合格者だ。

　こうして見ると、ひとりで3〜4回くらいカウントされていてもおかしくない。

　いずれにしても、専門職としてFPのアドバイザーを実務としている方は、大半がCFPか、1級FP技能士だろうと思われ、実質的な上級FP資格者は25,000〜26,000人程度ではないだろうか。

図2：FPの人数　（二重、三重にカウントされていると思われる）

	日本FP協会	金融財政事情研究会※
CFP・1級技能士	22,325	21,835
AFP・2級技能士	160,445	590,732
3級技能士	―	903,285
計	182,770	1,378,850

※2002年〜2019年前期までの資格合格者

資料出典：　　　日本FP協会　　　金融財政事情研究会

1-3　FPが満たすべき6つの条件

次にフィデューシュアリー・デューティーを基盤とした、信頼できるファイナンシャル・プランナーが提供する6つの条件とは何かを紹介する。もしファイナンシャルプランナーに相談したいなら、覚えておくべき事項だ。

　6つの条件

　条件1　信頼にたる人物であると証明できる

　条件2　顧客のファイナンス状態の分析と評価ができる

　条件3　プランの検討・作成と提示ができる

　条件4　プランの実行援助ができる

　条件5　他の資格を保有している

　条件6　プランの定期的見直しができる

それぞれの条件について次から詳しく解説していこう。

条件1　信頼にたる人物であると証明できる

　FPのサービスは、顧客に寄り添い、顧客の利益を最大限にするべくあらゆるコンサルティングを行うことである。「先生と生徒」のような関係ではなく、専門家の観点から最も適切なプランを提案する。

　プラン作成に当たっては、ファイナンシャル・プランナーに対して家族関係や本人を含む家族の資産情報や将来の生活計画を提供しなければならない。情報開示は必須だ。そのためむやみに相談するのではなく、信頼にたる人間かどうか考えなけれ

ばならない。

　そこでまず見るべきは、経歴だ。

　ホームページ等でこれまでの講演・執筆などの活動の履歴を
みてみよう。複数の法人から継続的に依頼を受けているような
ら、信頼できるファイナンシャル・プランナーであると見て良
いだろう。

　次に精査すべきは、ファイナンシャル・プランナーが己自身
の利益のために顧客を利用する意図がないことを明示している
かどうかだ。これを利益相反の排除という。

　自身の利益のために利用するとはたとえば、ファイナンシャ
ル・プランナー自身が保有する銘柄を意図的に顧客に勧め、そ
の銘柄の評価額を吊り上げようとする行為などである。

条件2　顧客のファイナンス状態の分析と評価ができる

　FPに相談する決断がついたら、次のような情報をまとめて
相談にいく。条件2以降は、継続的に相談すべき相手かどうか
を見極めるポイントだ。

　これ以外にも、今後のライフプラン計画、現在加入中の生保・
損保・医療保険の保険証書の写し、現在加入中の確定拠出年
金・個人向け確定拠出年金の内訳、ローンの契約書の写し、金
融資産の内訳の写し等、も提供する必要性が出てくるかもしれ
ない。（土地の概算評価の為には土地の形状も）

　相談の際に重要な事は、今抱えている問題や将来の希望等を
考えておくことだ。

　「生活上最も大切なことは何か？」「将来子供は何人欲しい？」

図3：まとめるべき情報

ライフ・プランニング　質問項目

1	家族プロフィール	
2	収入	勤労収入
		以前の勤務先の収入
		その他継続的な収入
		その他一時的な収入
3	支出と貯蓄	毎月の生活費
		金融資産残高
4	お住まい	賃貸か、持ち家か
		現在返済中の住宅ローン
		今後の住宅取得予定について
		今後の住宅取得の予定住宅ローン
5	お子様	今後の教育進路
6	世帯主に万一の場合	世帯主の死亡退職金
		葬儀等の費用
		世帯主死亡後の配偶者収入
		世帯主の加入中の生命保険
7	セカンドライフ	リタイア年齢
		リタイア後の生活費
		私的年金（世帯主・配偶者）

「もし介護が必要になったら、老人ホームに入りたいか」など、具体的にいくらかかるか等細かいことは一旦抜きに、幸せな人生について考えてみると相談がスムーズに進む。

　悩みで多いのは、「ローンの返済をどうするか」「もっと効率的に資産運用したい」などだろう。

　ファイナンシャル・プランナーによっては、質問票などを用意しているケースもある。筆者も質問票に記入してもらいその後、口頭で詳しく話を聞くようにしている。

図4：貯蓄残高推移

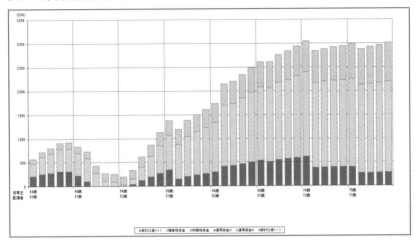

条件3　プランの検討・作成と提示ができる

　ある程度顧客の情報がまとまれば、キャッシュフロー分析が提示される。

　上記キャッシュフローの例は54歳の時は資産をほとんど、減らしてしまうがその後は順調に資産が回復し、最後まで安心して生活できるだろうことを示している。

　しかし実は相談者の多くは、上記サンプルのようにハッピーな終身安心といえる状態ではない。70代後半から80代にかけて資産がどんどん減っていき、破たん状態に陥るという試算が出てくるケースが多い。自分だけは破綻しないだろうという楽観に基づいた生活設計は好ましくないのだ。

　あわせて、保険などで万が一のリスクをケアしておくのも大切だ。保険の営業担当のいいなりになるのではなく、自分にとって適切な商品を見極めなければならない。

条件4　プランの実行援助ができる

・・・

　情報を聞き出して図表を作るだけなら、専用のソフトを購入しているファイナンシャル・プランナーなら誰でも可能だ。しかし、たとえば75歳に貯金がゼロになるという試算が出た場合、どのようにその危機的状況をいかにリスクの少ない方法で回避するかを検討し、提案できる能力がファイナンシャル・プランナーの真価であろう。

　解決方法も複数提示してくれる人が信頼に値する。

条件5　他の資格を保有している

・・・

　ファイナンシャル・プランナー資格はそれだけでは、キャッシュフロー表の作成と一般的なアドバイスをすることで終わってしまう。証券仲介業・証券外務員・投資助言業・保険勧誘員・宅建取扱士など他の資格と組み合わせることで業務の幅が増えていく。

　たとえば投資をして資産を増やす必要があるプランを立てた顧客に対して、それ以上の「顧客本位の業務運営」（フィデューシャリー）に基づき、「利益相反」を排除した具体的な支援を行うためには、投資助言業の登録が必要になる。

　投資が必要であるとアドバイスしたにも拘らず、「あとは自分で頑張ってください」では、プランの実行援助ができているとは言えない。近年は、特に投資によって資産を増やす工夫が必須であるため、投資助言業の登録のあるファイナンシャル・プランナーを探すとよいだろう。

条件6　プランの定期的見直しができる

　家計の事情は日々刻々と変わっていく。役職に抜擢され収入が増えるかもしれないし、転職して給与体系が大きく変わっているかもしれない。たとえば子供が増えたり、大学進学で下宿通学となって費用が加算された場合など、一度作った計算の前提が崩れることは珍しくない。

　そのためライフプランはライフイベントが起きるたびに更新するのが望ましい。子供の出生、昇進、転職、子供の進学、子供の結婚、退職、年金生活、セカンドライフ、親の介護・相続など。契約によって様々だが、私の場合は年に2回程度、顧客と定期面談をしている。

業務範囲がファイナンシャル・プランナーによって違う

　少し脱線になるが、投資信託・株等の金融商品は、元本割れのリスクもあり構造も複雑なケースもある。そのため金融商品取引法（以下金商法）や金融商品販売法などで、販売や勧誘のルールが厳密に規定されている。

　金商法の第2条1項に規定されている金融商品の一覧をご覧頂こう。なお、2019.6.7付で、暗号資産（仮想通貨）が金融商品として追加された。

　類型別に暗号資産も含め22タイプに分類されているが、投資助言業の登録しているファイナンシャル・プランナーであってもすべてのタイプの商品を扱えるわけではない。

　筆者の場合、個人登録であるので基本的に株式・投資信託・債券に絞って範囲に限定している。信用取引やオプション取引、FX、暗号資産（仮

図5：金融商品取引法　第2条第1項

①	国債証券
②	地方債証券
③	特別の法律により法人の発行する債券（④・⑪に掲げるものを除く）
④	資産流動化法に規定する特定社債券
⑤	社債券
⑥	特別の法律により設立された法人の発行する出資証券（⑦・⑧・⑪に掲げるものを除く）
⑦	協同組織金融機関の優先出資に関する法律に規定する優先出資証券
⑧	資産流動化法に規定する優先出資証券又は新優先出資引受権証券
⑨	株券又は新株予約券証券
⑩	投信法に規定する投資信託又は外国投資信託の受益証券
⑪	投信法に規定する投資証券、新投資口予約権証券もしくは投資法人債券又は外国投資証券
⑫	貸付信託の受益証券
⑬	資産流動化法に規定する特定目的信託の受益証券
⑭	信託法に規定する受益証券発行信託の受益証券
⑮	法人が事業に必要な資金を調達するために発行する約束手形のうち、内閣府令で定めるもの
⑯	抵当証券法に規定する抵当証券
⑰	外国政府又は外国企業等が発行する①から⑨または⑫から⑯の性質を有する外国有価証券（⑱に掲げるものを除く）
⑱	外国貸付債権信託の受益証券
⑲	オプション証券または証書
⑳	預託証券または証書
㉑	政令指定：流通性その他の事情を勘案し、公益または投資者の保護を確保することが必要と認められるのものとして政令で定める証券または証書

想通貨）などのようなハイリスク・ハイリターンな商品は、そもそも提案しない。

　「長期・分散・積立・低コスト」こそ、資産形成の王道と考え、ハイリ

スク商品は王道に反した邪道と考えているからだ。

　ただそうしたハイリスク商品の具体的なアドバイスがほしいと考える人は、その分野に得意な専門家のもとを訪ねるとよいだろう。

アウトプットを知ろう

　ファイナンシャル・プランナーに相談するときは友人や家族でも知らないようなお給料や貯金の話もする。心理的なハードルは高い。そういった情報を開示したにも関わらず、「頑張って貯金しましょう」といったインチキ占い師でもいえるようなアウトプットでは、相談料を払う価値もない。

　そこでファイナンシャル・プランナーに情報を提供するとどんな見返りがあるのかを紹介したい。

　最初に受けるサービスはキャッシュフロー表の作成とそのフィードバックである。

　キャッシュフロー表を作成する目的は、現在の収入と支出、及び金融資産残高から将来の収支、金融資産残高を俯瞰することだ。もう少し平たく言うと、お財布の健康診断である。今は健康そうに見えても、脂肪肝やメタボリックシンドロームに注意しないと60過ぎてからとても苦労するだろう。お財布事情にも同じことは言える。今のうちに正しい健康診断を受けることで、安心して生活ができるのだ。

　キャッシュフロー表分析の優れている点は、将来の不安や問

題を早い段階で見つけ出せることである。

ライフイベントがキャッシュフロー表に影響を与える

　キャッシュフロー表の中では、人生の大きなイベントとそれに伴う費用を計算に入れる。教育費を例に挙げよう。子供を1人大学卒業させるのにいくらかかるかご存じだろうか。およそ2,500万円だ。

	公立	私立	
幼稚園〜高校まで	540万円	1770万円	
	国公立	私立文系	私立理系
幼稚園〜大学まで	1025万円	2465万円	2650万円

　ここでは私立医系は別途とした。高校までの費用の中には、学校外の習い事や塾代も含まれている。
　これらのお金は、大学卒業するまで均等にかかるのではなく、イベント毎に増減する。

　特に世帯主にとって45歳〜50歳くらいが、子供の大学時期と重なり、教育費が一番大きな出費となる時期である。
　そうしたことも事前にキャッシュフロー表により、予見しておくことは家族にとって大切である。

　こうした過程を経て、戸主が100歳ほどまでのキャッシュフロー表を作成する。100歳時において、資産が十分ある人は特別な対策を必要としない。しかし、表の上では金融資産が赤字

または赤字すれすれの場合には手を打たなくてはならない。

　収入と支出の関係を明らかにすると、いつまでにいくら準備しておくべきかが明確になる。それを明確にするのがキャッシュフロー分析である。

1-4　どんなアドバイスが受けられるのか

キャッシュフロー分析によって不足金額が明確にしたら次は対策を考える。夫婦共働きの期間を伸ばす、節約をする、といった我慢を強いる対策も必要になるかもしれないが、正直そんな話を聞きたい訳ではないだろう。

　最も効率的な対策は、お金に働いてもらう投資・資産運用だ。多くの手間を要せず、定期預金として眠らせておくより何倍も効率的にお金を増やせるからだ。

　ただ投資と聞くと、「借金を負うかもしれない」「ギャンブルと同じ」と毛嫌いしている日本人は多い。金融教育が一切なされていないことや、借金をして土地を転がしたバブルの残像が原因かもしれない。投資は実は怖くないものだという話は後半に譲るとして、資産運用を含めた対策をファイナンシャル・プランナーから提案してもらえる。

　また、我慢を伴わない節約方法もある。不要な保険の見直しや車所有の見直し、携帯代金や電気ガスの契約先を見直す方法等だ。いわゆる、毎月何も考えずに払い続けている固定費の見直しである。旅行の回数を減らせ！贅沢をやめろ！というアド

バイスはプロのアドバイスとは言えない。地方にお住まいの方や持ち家の人は土地活用ができていないケースがある。生活は２階で行っていて、１階部分は駐輪場にしてあるが稼働率が悪いといったケースだ。対象者は限られているが、そうした個別具体的な相談にも乗ってもらえるのが総合力を武器にするファイナンシャル・プランナーの強みである。

実例を見てみよう！

　私が相談を受けた３組の相談内容を紹介する。当然のことながら、個人を特定できないレベルで加工してあり、本人には承諾を取っていることを留意されたい。

　第１例は、子供１人の夫婦のケース。
　第２例は、独身男性のケース。
　第３例は、高齢夫婦のケースである。

１）市川家の相談

　夫は現43歳、妻は33歳で子供は一人。共働き世帯。２年後に第２子が欲しいと望んでいる。妻は出産後も半年ほどの産休は取るものの、就業は継続するつもりだ。
　夫は、資金が許せば60歳で退職し、趣味の野菜作りや釣りをしたいと思っている。

市川家の現況
　・市川家では２年以内に第２子を計画している。

・市川家は都心から少し外れた場所に、マンションを購入した関係上、車の保有は必須であり、6年ごとに車買い替えとして200万円を想定している。

・夫婦ともに理系であるため、子供も理系に進むだろうと話してくれた。理系は大学院まで通うケースも少なくない。私立理系は授業料も高く、難関大を目指すなら予備校や浪人も視野に入れた教育資金の構築が必要だ。二人の子供が3歳差である場合、高校入学と大学入学の時期が重なる。入学金等でまとまったお金が必要になる。合わせて受験対策費用の出費時期も重なることも留意したい。

金融資産は、預金1000万円、投資資金1000万円である。

奥様は投資性商品は購入したことがなかったが、旦那様は企業型年金の配分を投資信託中心に組んでいたため資産が穏やかに伸びている。

ご夫婦とも大手の一流企業にお勤めで、収入はかなり安定している。福利厚生もしっかりしているので、希望すれば奥様も60歳まで就業できる環境が整っている。結論からいうと、難しい対策の必要がない恵まれていたケースだ。

図7の年間収支表の旦那様と奥様がともに退職している78歳と68歳部分を見てほしい。年金等の収入の合計が支出の合計を上回っている。この環境であれば、貯金が減り続け生活が立ち行かなくなる状況は回避できそうだ。

貯金残高も試算上では右肩上がりだ。非常に理想的な形をしている。そのため子への相続や贈与といった問題が発生しそうだ。せっかく貯めたお金を税金でごっそり持って行かれるのは悲しいだろう。正しい節税対策を長期間行うことで支払う贈

ケース　1　　　　　　　**市川家**

氏名	世帯主	妻	第1子
	市川　剛	美香	翔
生年月日	昭和50年6月30日	昭和60年5月15日	平成29年10月31日
勤労開始年齢	22歳	22歳	
月収（税込）	53万円	35万円	
賞与（税込）	217万円	150万円	
年収（税込）	857万円	550万円	
リタイア予定 年齢	60歳	育休3年間 50歳で退職	
予定退職金	2500万円		

ケース　1　　　　　　　**市川家**

毎月生活費		29万円		
金融資産残高		2000万円		
住まい		持ち家		
ローン残債		2700万円		
子供	教育	幼稚園(4年・私) -公-私-私-私立理系		
		大学は自宅通学		
	結婚資金援助	する	100万円	
	住宅取得援助	する	100万円	
	第2子	2年後予定		
世帯主に万一 の場合	死亡退職金	500万円		
	葬儀費用	100万円		
		種類	保険金	保険料（万円/月）
加入中の生命 保険	夫	定期保険（死亡保険）	51歳まで　500万円	2.4
	夫	３台疾病保障保険	51歳まで　500万円	4.8
	夫	身体障害保険	51歳まで　500万円	3.6
	夫	介護保障保険	51歳まで　500万円	3.0
	夫	特定損傷保険	60歳まで　5万円	2940円
	夫	総合医療保険（入院時）	51歳まで　日額1万円	6
	夫	ガン保険	51歳まで　日額1万円	1.2
リタイア後の 生活費		20万円/月		
私的年金	夫	60歳から　年15万円　終身		
	妻	33歳～60歳　年27万円		
		60歳から　36万円/年　終身		
金融資産	夫	日立バランスファンド株式 82%		
		フィデリティー日本成長株 17%		
	妻	三菱UFJ銀行DC定期　　　88%		

図6：キャッシュフロー表（総括表）

メインプラン：[プラン1]　　　　　　　　　　　　　　　　　　　　　　　　　　　【1年目・今後】

西　暦(年度)		2018	2019	2020	2021	2022	2023	2024	2025	2026	2027
年齢	世帯主	43	44	45	46	47	48	49	50	51	52
	配偶者	33	34	35	36	37	38	39	40	41	42
(今後)	収入	1,426	1,435	1,479	1,480	1,499	1,517	1,534	1,550	1,566	1,581
	支出	892	918	987	1,198	1,002	1,068	1,063	1,098	1,107	1,318
メインプラン	年間収支	534	517	491	283	497	448	471	452	459	263
	金融資産残高	2,557	3,100	3,620	3,935	4,466	4,951	5,462	5,957	6,462	6,774
	住宅ローン残高	2,488	2,431	2,374	2,315	2,255	2,194	2,131	2,067	2,001	1,934
	死亡保険金(世帯主)	1,000	1,000	1,000	1,000	1,000	1,000	1,000	1,000	1,000	1,000

西　暦(年度)		2028	2029	2030	2031	2032	2033	2034	2035	2036	2037
年齢	世帯主	53	54	55	56	57	58	59	60	61	62
	配偶者	43	44	45	46	47	48	49	50	51	52
(今後)	収入	1,596	1,609	1,622	1,634	1,646	1,651	1,661	3,163	658	664
	支出	1,108	1,117	1,142	1,159	1,167	1,414	1,187	1,031	1,068	1,000
メインプラン	年間収支	488	493	481	475	479	237	474	2,133	-410	-336
	金融資産残高	7,313	7,860	8,398	8,934	9,478	9,782	10,327	12,533	12,208	11,959
	住宅ローン残高	1,865	1,795	1,723	1,649	1,574	1,497	1,419	1,338	1,256	1,172
	死亡保険金(世帯主)	1,000	1,000	1,000	1,000	1,000	1,000	1,000	1,000	1,000	1,000

図7：年間収支表

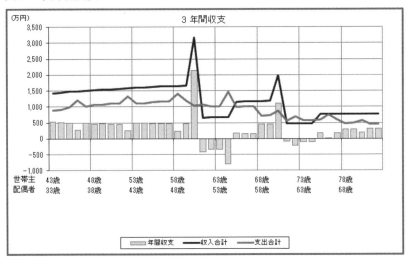

図8：貯蓄残高推移表

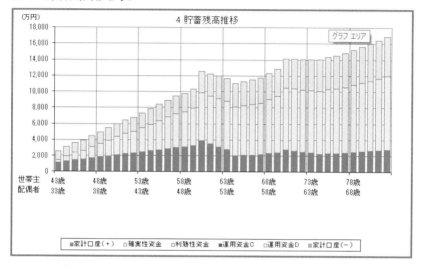

図9：資産配分

夫	現状資産			これから	
	現状資産	リターン	配分	配分	期待リターン
預金	1000万円	0.0008%	50%	10%	0.001%
債券	-	-	-	40%	0.80%
株式型投資信託	1000万円	2.3029%	50%	50%	2.80%
計	2000万円	1.1520%	100%	100%	1.72%

与・相続税を限りなくゼロに近づけることができるだろう。

市川家に対するアドバイス

資産運用について

　私は市川氏の現在の金融資産が2000万円あり、これからも夫婦就業を予定しているので、運用益が出やすい商品の比率を高める積極型を提案した。

　具体的には、金融商品の配分比率を預金10％、債券40％、株式投信50％とし、現状より外国債券保有を増やす。そして

株式でも海外特に米国株式の比率を上げることをお勧めした。市川氏は、投資は主として勤め先の確定拠出年金（DC）だけで、自ら証券会社に口座を開設することはなかったが、これからは証券会社を利用して分散投資するようにアドバイスをした。

　また確定拠出年金のリバランスも大切だ。バランスファンド株式50を株式70型にスウィッチイングし（バランスファンド株式50は国内株式と国外株式の比率が5割、株式70型は7割となっている）、米国系債券型ETFでヘッジ無しのものを自社の確定拠出年金商品リストの中から選択するようお勧めした。
　さらに外国株式ETFを新しくポートフォリオに加えるメリットも説明している。
　たとえば、インデックス投資信託「iシェアーズMSCI　ワールド　ETF（米ドル）」、これだと世界の株式市場を網羅できる。この銘柄は、設定が2005年10月、資産総額6140億円（110円／＄として）。保有比率が米国63.1％、日本8.4％、英国5.4％、フランス3.8％、カナダ3.4％、スイス3.1％、ドイツ3.0％、他にオーストラリア、オランダ、香港の国籍となっている。米国の割合が大きいが、組み入れ上位を見てみると、アップル2.7％、マイクロソフト2.5％、アマゾン1.7％、フェイスブック1.1％、JPモーガン・チェース1.0％他となっている。
　国際分散投資が実現でき、著名な企業を中心に構成されているため今後大きな金融危機があったとしても長期的に資産が目減りする可能性は極めて低い。日本株型だけでは、いわば日本に一点投資しているというリスクを生じさせてしまうため資産に余裕があるなら海外の銘柄を組み込むメリットは大きい。
　市川氏とは、最初の年は数回、その後は年2回の面談をして計画との乖離を修正したり、新たな課題に対応していくことに

した。面談には、金銭教育の機会でもある。同氏の金融リテラシーが向上するにつれて、個別株等の提案もしていくことになるだろう。

住宅ローン金利について

　市川氏は主要都市銀行において、2015年変動金利タイプの住宅ローンを組んだ。2015年当時の金利水準は0.8%である。しかし2019年現在、金利は0.5%台まで引き下げられているにも関わらず、0.8%のまま金融機関から借入金利の変更のお知らせが届いていなかった。これは金融機関の職務怠慢であり、顧客は金利水準をチェックしていないだろうという甘えの結果でもある。

　すぐに営業担当に連絡し、現在の金利水準に合わせるよう伝えた。住宅ローン金利は0.1%違うと100万円程度返済総額が変わってくることもある。たった0.3%では済まされないのだ。

　変動金利型はいつでも固定金利型に変更できるというメリットもある。今後金利の上昇が見込まれるタイミングでは、固定金利への切り替え提案も視野に入れて、金利動向を注視している。

2）荒川氏（独身）の相談

荒川氏の現況

　荒川氏は現在31歳の独身。父母と同居しており、生活費の一部を母に渡しているが、残りは自分の趣味である音楽や海外旅行に使って充実した生活をエンジョイしているとは本人の弁。

結婚願望はある。相手は多分同じ職場の人。将来については、これまで余り考えた事もなく、蓄財もほとんど無く、生命保険も結婚した時に入れば良い程度に思っていた。

　しかし、結婚となると現状の年収では家族を養っていくことは厳しいので、転職もありかなとも考える。

　プランニングとしては、4年後に結婚、子供はその後2年後に1人として、妻は出産後には退職するとしてキャッシュフロー表を作成した。

　荒川氏は多分赤字になると思うが、その程度を知りたいというので、相談に来られた。

　市川氏のケースと比較してみると、差が一目瞭然だ。年収が伸びにくい介護の仕事ということもあり、いつのまにか支出合計が収入を上回っている。また、定年退職後の収入は激減し、多少の備えであれば3年程度で食いつぶしてしまうだろう。

　両親と同居しているため現在はお金の不自由は感じていないが、中年以降の資金枯渇は深刻だ。非正規雇用の労働者や年収が上がりにくいサービス業や小売業にお勤めの方は、こうした分析結果になることも珍しくない。厳しい話であるが、転職も視野に入れたマネープランの本格的な見直しが必須だ。

ケース　2　　　　　　　**荒川　亮**

氏名	世帯主
	荒川　亮氏
生年月日	1988/2/7（31歳）
勤労開始年齢	22歳
月収（税込）	24万円
賞与（税込）	50万円
年収（税込）	340万円
リタイア予定 年齢	60歳
予定退職金	500万円

ケース　2　　　　　　　**荒川　亮**

毎月生活費		10万円
金融資産残高		100万円
住まい		持ち家（親と同居）
ローン残債		0
子供	第1子予定	数年後
	第2子予定	更に数年後
現況	荒川氏は現在31歳。大学卒業後、介護施設に勤務。 結婚願望はあり、子供は二人希望 音楽が好きで、ドラムとギターを演ずる 更に趣味で、海外旅行を年2-3回一人で回る	
リタイア後の 生活費	考えていない	
私的年金	考えていない	
金融資産	持っていない	

図10：キャッシュフロー表（統括表）

メインプラン：[プラン1]　　　　　　　　　　　　　　　　　　　　　　　　　　　　　　　　【1年目・今後】

西　暦(年度)		2018	2019	2020	2021	2022	2023	2024	2025	2026	2027
年齢	世帯主	31	32	33	34	35	36	37	38	39	40
	配偶者	29	30	31	32	33	34	35	36	37	38
(今後)	収入	340	354	367	379	742	760	432	443	453	457
	支出	249	253	521	429	508	517	461	451	455	464
メインプラン	年間収支	91	101	-154	-49	233	242	-28	-8	-2	-7
	金融資産残高	191	292	139	90	324	568	543	539	540	536
	住宅ローン残高										
	死亡保険金(世帯主)										

西　暦(年度)		2028	2029	2030	2031	2032	2033	2034	2035	2036	2037
年齢	世帯主	41	42	43	44	45	46	47	48	49	50
	配偶者	39	40	41	42	43	44	45	46	47	48
(今後)	収入	466	475	483	491	498	505	511	517	523	527
	支出	531	529	535	526	530	536	544	549	554	701
メインプラン	年間収支	-64	-54	-51	-35	-32	-30	-33	-32	-32	-174
	金融資産残高	475	424	376	344	315	287	257	228	199	28
	住宅ローン残高										
	死亡保険金(世帯主)										

図11：年間収支表

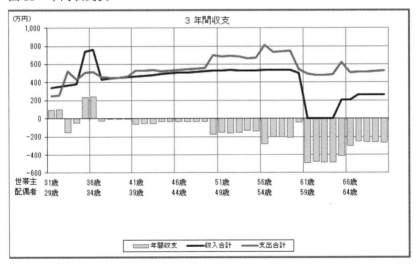

図12：貯蓄残高推移

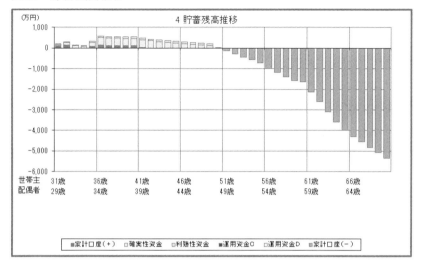

キャッシュフロー分析

　荒川氏の申告によるキャッシュフロー表では、妻が出産後退職をするとその年から年間収支は赤字に陥る。51歳には、貯蓄も無くなる。

　荒川氏には、このキャッシュフロー表をご覧頂き、これでは抜本的な対策が必要となることを説明した。氏も予想よりも、赤字が大きくなることに驚き、私と二人で対策案を作ることとした。

荒川氏　（第一次）改訂ライフプランニング

1）当初の計画通り結婚は4年後、第1子を結婚後2年目、第2子をさらに2年後として二人とも小中高は公立、大学は私立大学へ進学させることと想定した。

2）荒川氏はリタイアを当初予定より5年延長し65歳と想定し、退職金500万円。妻は60歳退職として退職金300万

27

円と想定。

3）住宅は、両親と同居を希望。新婚時だけはアパートを借りるが、その間に実家を親の支援を得て、リフォームする。費用は、親に求む。

4）妻は産前・産後に2年間産休を取り、その後は正規社員として職場復帰する想定。

5）両親と同居の為、結婚後の生活費は月29万円と想定。

6）住まいは両親の住まいの近くのアパートを借り、月額8万円と想定。

図13：改訂キャッシュフロー表（統括表）

メインプラン：［プラン1］ 【1年目・今後】

西 暦(年度)		2018	2019	2020	2021	2022	2023	2024	2025	2026	2027
年齢	世帯主	31	32	33	34	35	36	37	38	39	40
	配偶者	29	30	31	32	33	34	35	36	37	38
(今後)	収入	340	352	365	377	721	628	660	674	706	816
	支出	249	253	521	429	505	492	492	501	508	534
	年間収支	91	100	-156	-52	216	136	168	173	198	282
メインプラン	金融資産残高	191	291	136	84	301	439	610	786	988	1,275
	住宅ローン残高										
	死亡保険金(世帯主)										

西 暦(年度)		2028	2029	2030	2031	2032	2033	2034	2035	2036	2037
年齢	世帯主	41	42	43	44	45	46	47	48	49	50
	配偶者	39	40	41	42	43	44	45	46	47	48
(今後)	収入	830	839	853	867	881	895	909	923	936	950
	支出	607	610	679	661	672	664	670	680	687	711
	年間収支	223	229	174	206	209	232	239	242	250	239
メインプラン	金融資産残高	1,505	1,741	1,924	2,139	2,360	2,603	2,855	3,112	3,378	3,633
	住宅ローン残高										
	死亡保険金(世帯主)										

図14：年間収支表

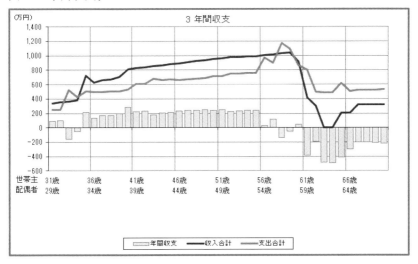

図15：貯蓄残高推移

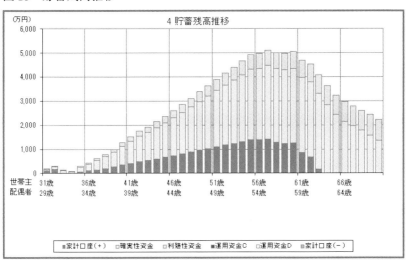

現役世代の収入を増やした場合の試算結果だ。かなり改善しているが、仕事を辞めてからの出費には耐えられないことは一目でわかる。

本ケースでは78歳時には貯蓄は枯渇し、生計は赤字となる。

年収面に加えて追加の改善が必要だ。第一次改定案でも保険は全く加入しておらず、所得補償や医療保険等で年間48万円程は見込む必要があると助言した。

第2次　改訂ライフプランニング

1）転職の検討　少なくも現状より年120万円（手取り）増の職場への転職を探す。これは急務だ。

2）荒川氏は65歳退職予定だが、70歳超も働ける職場を探す。

3）保険関連費として、年間48万円を計上

4）確定拠出年金として夫婦で年間50万円の資産形成を目指す。

以上で粗々だが、結婚に向けてのプランニングがまとまり、早速転職先の検討に入ることにした。この後のプランニングは、転職して足場が決まらなければ、その後の設計ができないので、転職の推移を見守ることとした。

荒川氏とは年数回、フォローアップの面談をすることにした。

3）山田家の相談

ケース3は中小企業創業者で現在会長職をされている山田氏、79歳。妻は77歳。

最近、山田氏は認知症の傾向が出てきているので、家族相談の上、有料介護施設に入居することした。現社長であるご子息からの相談だ。

　現況は次の通り。

　80歳になる期に、退職をすることとした。退職金は社長職をやめた時点で受け取っており、今回はない。

　年金は公的年金・私的年金併せて480万円程。それに不動産収入が月20万円程ある。

　金融資産は、現預金が4,000万円、投資資金が3,000万円ある。

　山田氏の生命保険は終身が1,000万円で、他にはない。

　キャッシュフロー分析の結果、山田ご夫妻は終身、資金的には安定していることが分かった。

　金融資金も4年後には1億円を超える見込みである。

ケース　3　　　　　山田家

氏名		世帯主	妻
		山田　紘一	幸子
生年月日		昭和14年5月1日	昭和16年5月10日
年収（税込）		700万円（80歳で退職）	―
年金（年間）		480万円	230万円
不動産収入（年間）		240万円	―
毎月生活費		20万円（施設入居時まで）	
金融資産残高		7,000万円（流動性4,000万円、利殖性3,000万円）	
住まい		持ち家	
ローン残債		―	
世帯主に万一の場合	葬儀費用	196万円	
	養老保険	1,000万円	
介護施設	施設入居費	3,600万円	
世帯主	施設生活費	360万円	

図16：キャッシュフロー表

メインプラン：［プラン1］　　　　　　　　　　　　　　　　　　　　　　　　　　　　　　　　　【1年目・今後】

西　暦(年度)		2018	2019	2020	2021	2022	2023	2024	2025	2026	2027
年齢	世帯主	79	80	81	82	83	84	85	86	87	88
	配偶者	77	78	79	80	81	82	83	84	85	86
(今後)	収入	1,569	974	976	978	981	983	986	988	991	994
	支出	813	495	423	430	434	438	442	446	450	454
	年間収支	755	479	553	548	547	545	544	542	541	540
メインプラン	金融資産残高	7,825	8,378	9,009	9,639	10,273	10,909	11,549	12,192	12,838	13,488
	住宅ローン残高										
	死亡保険金(世帯主)	1,000	1,000	1,000	1,000	1,000	1,000	1,000	1,000	1,000	1,000

西　暦(年度)		2028	2029	2030	2031	2032	2033	2034	2035	2036	2037
年齢	世帯主	89	90	91	92	93	94	95	96	97	98
	配偶者	87	88	89	90	91	92	93	94	95	96
(今後)	収入	996	999	1,002	1,004	1,007	1,010	1,013	1,015	1,018	1,021
	支出	458	462	466	471	475	479	483	488	492	497
	年間収支	538	537	535	534	532	531	529	528	526	524
メインプラン	金融資産残高	14,141	14,797	15,457	16,121	16,788	17,459	18,133	18,812	19,494	20,180
	住宅ローン残高										
	死亡保険金(世帯主)	1,000	1,000	1,000	1,000	1,000	1,000	1,000	1,000	1,000	1,000

図17：年間収支表

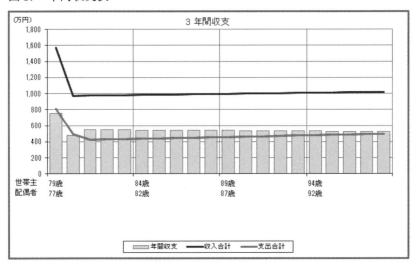

図18：貯蓄残高推移表

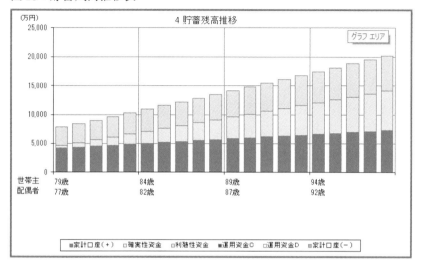

3つのアドバイス

1）任意後見制度

　　認知の程度によるが判断能力が低下して来ると、自己資金の管理が難しくなるので、ご子息が成年後見人になる任意後見制度の契約をお勧めした。本人同行の上公証人役場に行き、証書作成。もし、医師の鑑定により、任意ではなく法定後見が必要とされた場合には、家庭裁判所に申し立てを行う。

2）資金の固定化

　　認知症が進行する山田氏のケースで成年後見制度を利用した場合、山田氏の資金は生活費等以外は監督人である家庭裁判所の承認なく簡単には移動できなくなるので、現在の利殖性資産は現状維持にすることにする。

3）奥様が介護状態になった場合には、山田氏と同じ施設に入居することも有り得るとした。

本件のケースは、資金的に恵まれている山田氏の事例だが、認知症が懸念されるケースとして取り上げた。

　成年後見人制度は、法定後見と任意後見の2種類がある。法定後見人のケースでは裁判所が、医師の鑑定書を見た上で意思能力が十分でない人の行為能力を制限し、後見人を選定する。任意後見人制度では、本人の判断能力があれば本人も公証人役場に同行して公証人に陳述できれば、任意後見人は選ばれる。

　本人の症状により任意か法定かの区分けはされるが、原則として本人資産は現状を動かさないというルールは守る必要がある。これは、本人資産を守るという原則に基づく。

　後見制度を利用することは、被後見人の生活、療養看護、財産管理事務を行うことである。

　後見制度が適用されると、年1回監督者である家庭裁判所に資金の状態と、生活状況を記した調査票を提出する。後見制度の問題の一つに、後見人が自らの利益の為に、被後見人の財産を横領する事件が多発するケースがある。これを防ぐ手段として、家庭裁判所は資金の一定額以上を信託銀行に金銭信託することを強い要請として要求する。

　こうした後見制度には各段階で費用がかかる。法定成年後見に弁護士等専門職が選任された場合には、報酬の支払いを要する。本キャッシュフロー表では、成年後見人の費用は見込んでいない。

金融資産を３つに分けるのはなぜ？

　金融資産とは、換金しやすい財産のことを指す。個人なら、普通預金や株式等である。ファイナンシャル・プランナーは、金融資産を安全性と収益性に応じて３つに分類分けする。

　少し脱線するが、なぜ金融資産を３つに分類するのかを解説しよう。

　お金は３つの使い道がある。

　１つはもちろん「使う」である。日々の買い物や家賃などの引き落としに対応しなければならない。２つめは、「大きな買い物への備え」だ。住んでいるマンションの更新や車の買い替えなど、比較的大きい出費に備えて貯金しておくのも大切だ。

　３つめは、お金を増やすためにお金を使ういわゆる「投資」だ。本書では詳しく解説するためここで詳細は差し控えさせてもらう。

　本来なら「投資」の金額を増やせば増やすほど、のちのちの生活は楽になっていく。ただし、「使う」と「大きな買い物への備え」の方が緊急性が高いため、全額投資しましょうという訳にもいかない。そのバランスを判定するために、３つに分けて考えるのだ。

第2章

資産運用は怖くない。
正しい資産運用とは何か？

2-1 資産運用を恐れてはならない

日本人の投資リスクへの過剰な拒否反応は、異常である。そもそも正しい投資法を実践すれば、借金や元本がゼロになるリスクは極めて低い。極めて低いというのは、日本が未曽有の大災害に巻き込まれて、一般企業の半数が機能停止になるというほどの異常事態が起こらない限りあり得ないというレベルの話をしている。そうした状況では、日本円は暴落し、不動産の価値は無に帰すだろう。つまり銀行預金やマイホームの価値もなくなるということだ。そういった極めてレアなケースは想定しても仕方がない。もっと現実的な想定で将来を考えるべきだろう。

金融庁が面白いアンケート結果を公表した。

このアンケート結果の1位である「そもそも興味がない」は、2位以下の理由とは次元が違うほど問題があるのはお分かりだろうか。第一章では、優良企業にお勤めの市川夫婦のキャッシュフロー分析を紹介した。かなり健全な部類に入る家計だ。それでいてもしっかりと資産運用する必要性があったのはご存じのとおりである。では、この60%の人は、市川夫妻よりも健全な家計のため興味がないのだろうか。もちろん違う。資産運用をしなくても安心した生活が一生送れるという幻想の中に生きているのだ。

本章では正しい投資の方法を指南する。もちろん本書の内容を理解しかつ信頼できるアドバイザーを見つけて具体的なアドバイスを求めるのが最良であると指摘しておく。

図1：投資未経験者に聞く有価証券への投資をしない理由 TOP5（複数回答）

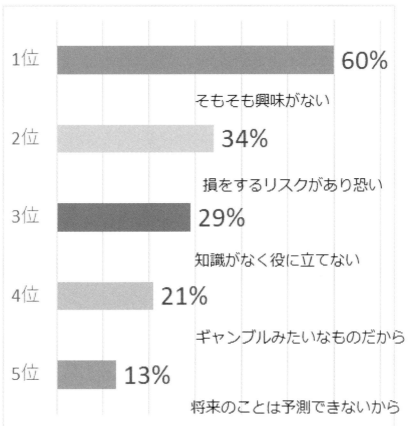

（出所：金融庁　平成27事務年度　金融レポート）

2-2 間違った投資とは？

間違った投資のタイプにも実は2パターンある。リスクの取り過ぎと取らな過ぎだ。ファイナンシャル・プランナーはお客様がどれだけの投資リスクを負えるのかというリスク許容度を重要視する。

　リスク許容度とは、リターンがマイナスになった場合、どれ位までマイナスを受け入れる事ができるかの度合いをいう。つまり、「投資がマイナスになっても生活に影響がないか」「どのくらいまでのマイナスまでなら、本人の気持ち・感情が耐えられるか」等を事前に客観的評価しておくことだ。

　リスク許容度の基礎的評価には年齢も大きな要素を持っている。筆者が米国フィラデルフィアのバンガード本社で受けた研修では、同社では年齢階層別に株式や投資信託のリスク性商品をどの位の割合まで保有できるのかの基準を作っている。米国人を対象としたものだが、40歳までなら90％までリスク性商品を持つことを良しとしている。若い人は、残りの年数でマイナス分をリカバリーすることが可能と見ているのだ。41歳から65歳までは、年齢に応じてその比率は減少し、65歳ではリスク性商品の割合は50％までだ。それ以降はさらにリスク性商品の割合は減少し、72歳では30％となる。72歳以上はその割合いは最大30％までとしている。高齢になると、残り年数を考慮すると、リカバリーが効かない。

リスクを取り過ぎた失敗＝投機

　お金を使ってお金を増やすと聞くとギャンブルのように聞こえるだろう。パチンコや宝くじも同じだからだ。そして社会的には投資に分類されてはいるが限りなくギャンブルに近い投資法も数多く存在する。

　たとえば、FXだ。FXは、「Foreign Exchange」の略で、正式名称は外国為替証拠金取引という。変動相場制において、ドルやユーロそして円の価値は常に変動している。その動きを利用して儲けようとする投資法だ。FXには複数の問題が介在しているが、一番のそれは、デイトレードを中心とするマネーゲームが推奨されている点だろう。

　私も米国株や海外株の購入を進めることもあり、場合によっては為替差益を狙うこともある。国際情勢、たとえばアメリカであれば大統領選挙の行方などからある程度為替の方向を予想できるためだ。

　しかし、FXは1分後相場を場当たり的に予想して、レバレッジ（借金）を利用して大きな金額で勝負する。10万円分のドルを購入して仮に1ドル分為替が有利に働いたとしても、儲けはせいぜい1,000円だ。これでは埒があかないため、10万円を保証金として供託し250万円分の取引を行うということが行われている。そうすれば、勝てれば1分で25,000円増える。まさにギャンブルだ。

　少量の暗号資産（仮想通貨）を保有していただけで、億万長者なったいわゆる「億り人」は200人ほどいるらしい。2019年11月25日のビットコインキャッシュは、1BCH当たり21,522円であったが、翌26日は23,487円まで値上がりしている。約

22,000円の投資で1日で2,000円違い利益が出ている計算だ。こうした波に乗れた人は、短期間で大きく資産を増やせるだろう。しかしこうした浮ついた夢物語を信じて暗号資産を購入した9割の人が赤字を抱えている。

　FXや暗号資産などは、一括りにすると価格変動（ボラティリティ）の高い商品群だ。こうした資産は、自身や家族の生活のための資産運用には向かない。競馬場に赴き、馬券を買いその場の雰囲気を楽しんだ方がいいのではないだろうか。
　この他にもボロ株（低位株）と呼ばれる1単位の価格が極端に低い銘柄への投資など火事場泥棒を狙うような投資方法はリスクを取り過ぎで、大きく失敗し財産を減らす結果になりがちだ。
　機会に乗じた短期売買を繰り返し、あっという間に資産を増やそうとする取引を投資と区別して投機と呼ぶ。こういった投機的な話に興味を持つのはお勧めできない。

リスクを避け過ぎた失敗

　メディアなどではリスクを取り過ぎた失敗例を面白おかしく紹介しているため、リスクを取ってはいけないと勘違いしてしまっている人も多い。元本割れの可能性があると聞くだけで、投資金がゼロになるケースや借金を負うのではと不安に駆られるのだろう。そのためお金はすべて普通預金か良くて定期預金に預けているというのが、リスクを避け過ぎた失敗例だ。
　貴方も身に覚えがあるのではないだろうか。バブルの頃は年8％などと十分な金利が付いていたが、今の定期預金は100万

円を10年間預け続けてももらえる利息は、2〜3,000円がせい
ぜいだ。これは投資をしているとは言えない。日本銀行が目指
しているインフレ率2%が実現すれば、年に2%ずつ円の価値
は下がっていく。つまり、100万円を10年間預けると、実質
10万円分の価値が下落してしまうのだ。

　リスクを避け過ぎることで負ってしまうリスクもある。やは
り、資産の管理はバランスが大切なのだ。

2-3　正しい投資とは何か？

　正しい投資とは、リスクを取り過ぎず、逆に避け過ぎず、長
期的な視点で資産を増やしていくことだ。本書では流動性が高
く誰でも簡単に売買できる株や投資信託の話を中心に展開して
いくが、不動産への投資、債券への投資も悪くない。要するに
上手くバランスが取れればいいのだ。中リスク中リターンの商
品は、実はそこまで多くない。また個別の問題を抱えているケ
ースもあり、必ずそれらの商品群から投資商品を選ぶべきとは
言えないのだ。

　ではどうするか。商品の組み合わせを変更して適切なリスク
へと調整していく。最近ではその考え方も一般化してきてアセ
ットマネジメントやアセットアロケーションと呼ばれている。

　「ローリスク・ローリターン」のものと、「ハイリスク・ハイ
リターン」のものを組み合わせ、リスクを分散していくのだ。
「ローリスク・ローリターン」の商品は、定期預金や日本国債
などが主体となる。日本人はローリスクが好きなので、この分
野の商品は簡単に見つかるし、どれを選んでも大差ない。

それらと組み合わせる比較的ハイリスクな商品の選び方にこそ、センスや知識が問われるのだ。

株式投資

適切な資産形成に利用できる金融商品の一つは、株式だ。もちろん株式であればデイトレードしてもいいという意味ではない。良い株を「長期・分散・積立・低コスト」の原則のもと、保有する。それぞれ詳しく見ていこう。

良い株への株式投資とは、その会社の成長性に期待を寄せ、株式の保有を通して支援していくことである。投資の対象の選別方法として、その会社が研究開発に熱心で将来性のある商品開発力があるとか、業界でのリーダーでマーケットシェアも高いとか、起業して間がなく今後の人材に期待とか、経営者の慧眼が素晴らしいとか等々、その会社の将来の企業価値が伸びると見込めるから投資をする。

闇雲に10社20社に投資するものでもないため、時間を掛けてあらゆる面から、調査・分析をして将来価値を算出しなければならない。調査に当たっては、単に当該会社のみの調査では不足で、競業他社との競合バランス、3年・5年・10年先の社会のニーズの変化、たとえば、5G（第5世代移動通信システム）やそれを使った技術に立ち遅れているようでは、将来性が乏しいという事になる。

また、その会社の主たる販売エリアが縮小しているエリアにあっては、将来の伸展は望み薄となる。

投資の際は、評判がよいとか、証券会社の販売員の強い勧誘

があったとか、株式投資誌に良い材料が書いてあったとか、IPO（新規公開株）の勝ち率は良いから内容は分からないが兎も角買っておくとか、自らの調査・研究を脇に置いて他の情報をメインに判断することはギャンブルと同じこととなるので、避けねばならない。

　ここでいう長期とは、株式を長い期間持ち続けることを意味する。投資の神様として名高く、2019年の個人が保有する純資産ランキングで3位のウォーレン・バフェット氏は、アルバイトで作った資金を元手に9兆750億円もの資産を一代で築いているが、彼は株で儲けるコツを「良い株を安く買って長く持ち続けること」と表現している。良い株式は持っているだけで、価値が年々上がっていき、配当金ももらえる。長期投資家は、デイトレーダーのように、いつ値が下がるか分からない銘柄を買って値下がりしないことを祈り続けるような生活とは無縁だ。いつまででも持っていたいと思える株を見つけて、大事に持ち続けていればいいのだ。

　次のキーワードは分散だ。バフェットとは違い、庶民は投資の素人である。そのためプロと比べて入ってくる情報は乏しく、間違った判断をする可能性もある。そこである銘柄に一点集中で資産を投じるのではなく、複数の銘柄に分散して投資をしておけば、一つが値下がりしても他の銘柄が値上がりすれば、バランスが取れる。投資信託の選び方の際、詳細を伝えることになるが、国際的な分散や業種ごと、商品ごとと様々な分散方法がありそれらを上手く組み合わせることで、不況や下げ相場にも強いあなただけのポートフォリオを作ることができる。

　積立というキーワードは、分散にも関係するテーマだ。ドル・コスト平均法という有名な投資法がある。毎月同じ金額を同じ銘柄に投資し続けると、買うタイミングが悪くて損をすること

がなくなるという考え方だ。現在の株価が安いか高いかは、未来の株価を見ないと判断ができない。ただし、毎月10日に1万円ずつ買う！と決めたら、今の株価が高くても安くても1年を通すと平均的な価格で購入できることになる。これが、積み立ての強みだ。株式投資で最も難しいといわれるタイミングの選択を放棄することで安定した運用を可能にするのだ。

　低コストというのは、株価が低いという意味ではない。投資信託を購入する際に検討しなければならない項目だ。投資信託は、プロにお金を預けて運用を任せるタイプの金融商品で、プロに払う手数料がコストになる。実は、購入時にかかる手数料や毎年の運用手数料などと種類も多く、商品によってはかなりコストがかかるものも存在する。そういった商品を避け、なるべく低コストで購入できる商品群の中から選択するのが好ましい。

債券投資

　債券とは、国や企業などの発行体が、投資家から資金を借り入れるために発行する有価証券のことをいう。平たく言うと借金の借用書だ。日本国債は日本政府がお金を返してくれる、米国債はアメリカ政府がお金を返してくれる商品だ。お金を借りる主体は国だけではない。企業も債券を発行している。

　債券には満期が定められており、満期となる償還日には、額面金額が投資家に払い戻される。債券を売買するときは、償還日に近いものの方が価値は高くなる。あと10年持っていないとお金が返ってこない債権と1年待てば戻ってくる債権では価

値が違うのは直感的にお分かりいただけるだろう。

　日本人に最も身近な債券は個人向け国債だ。銀行の店頭など
で簡単に購入できる。銀行員に勧められた経験がある人もいる
のではないだろうか。個人向け国債は、固定3年、固定5年、
変動10年の3本があり、19年8月現在の利率は3本とも、0.05
％で最低金利保証となっている。国債のメリットは、流動性、
安全性だ。いつでも売りたいときに買い手がいるし、ずっと持
っていても額面が目減りすることはない。しかし問題は、何と
いっても利率の低さだ。100万円を1年間としても、受け取る
利金は500円、さらにそこから20.315％が源泉徴収される。銀
行の定期預金よりは良いとは言えるが、資産形成には向いてい
ない。

　借金の主体が国ではなく企業なら、社債という。社債の種類
は、普通社債、転換社債、ワラント債、劣後債、電力債などが
ある。債券を判断するときは、S&P（スタンダオード・アンド・
プアーズ）やムーディーズといった格付け会社の格付けを見る
とよい。

　19年の冬には、シェアオフィスのWework社の問題で厳し
い立場に置かれたソフトバンクグループは、19年4月売り出
しのタイミングで利率が1.64％、格付けは「Ba1」とか「BB+」
であった。それらの区分は、投機的区分という投資先としてリ
スクが高いことを示す結果が出ていた。

▌信用リスクと格付け

　債券で資産運用したいなら、格付け会社の存在を忘れてはい

けない。格付け会社とは、第三者の立場から企業の信用力を判断する。格付けはＡＡＡからＣもしくはＤまである（AAA, AA, A, BBB, BB, B, CCC, CC, C, D）が、投資適格と言えるのは、上から４つめのBBBまでだ。

　国が借金の主体である国債はデフォルト（債務不履行）となって投資したお金が返ってこない心配は少ないが、企業の場合は債務不履行となるリスクは大きい。社債購入後も企業の業績、社会変動などによって絶えず信用リスクの把握は重要だ。

プロに運用を任せられる投資信託とは？

　世界で19年３月末における投資信託残高は、50.00兆ドルに達した。110円／＄とすると5,500兆円となる。日本の国家予算約105兆円、日本の公募投信113兆円、GPIFの運用資金額160兆円、東証１部の時価総額590兆円、国民の家計資産1840兆円などと比較してもその規模が知ることができる。

　次に示す表はどの国で投資信託がよく売れているかを示しているが結論は一目瞭然でアメリカだ。

　国別トップ米国の世界での比率は46％であり、ほぼ世界の半分と言って良い。

図2：世界の投資信託国別

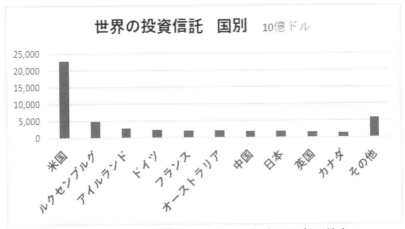

（出典）日本投資信託協会　投資信託の世界統計　19年3月末

　実はアメリカという国は株や投資信託が大好きなお国柄だ。多くの場合資産の半分を株や投資信託で保有している。アメリカは小さな政府の政策で知られており、北欧のような充実した年金制度や医療福祉制度が存在しない。つまり、老後の蓄えは自分でしなければならないのだ。そのためリスクがちょうどいい投資信託が好まれているのだろう。

投資信託の種類

　投資信託の種類は6,000種を超える。最適な投資信託を見つけようと思っても種類が多すぎて何から検討するべきか分からない方が大半だ。そこで大まかに種類別に分けて、自分に合った投資信託はどれに当たるのか考えてみよう！

図3：世界の投資信託資産別

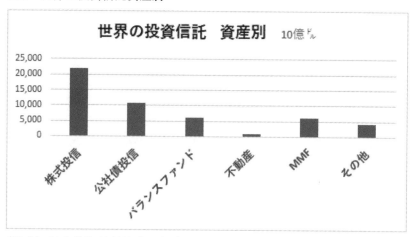

（出典）日本投資信託協会　投資信託の世界統計　19年3月末

　　投資信託を選ぶ際に最初に検討するのは、投資対象だ。投資
信託はリスクが高い商品という印象があるが、投資対象によっ
ては定期預金に毛が生えた程度の商品もある。そのあたりを整
理していこう。

株に投資する投資信託

　　資産運用に適しているのは、株に投資しているタイプだ。資
産運用するなら適切なリスクを取る必要があると説明したが、
株式タイプならそれが実現する。「米国のIT企業株を中心に」、
「日本のAI関連株を中心に」といった方針が示されているタ
イプも多い。AI系企業が今後伸びていくだろうと思えば、そ
ういった商品を探せばよい。

株に投資している中でも大きく2パターンに分けられる。アクティブファンドとインデックスファンドだ。

アクティブファンドとは、ファンドマネージャーと呼ばれる株のプロが株の売買を積極的に行うファンドだ。有名なものといえば、レオス・キャピタルワークスが運用しているひふみ投信だろう。2009年に発売されて以来、2018年初旬頃までは右肩あがりで運用実績を伸ばしていたファンドだ。不景気であってもプロが伸びる会社を見極めることで、市場平均以上の運用実績を期待できる。半面、プロといえども予想が外れることもある。そうした場合の損害額も大きくなりがちなのはアクティブファンドだ。

また、信託報酬という手数料が高いのも特徴の一つである。積極的に良い株を探すために、ファンドマネージャーたちは様々な調査等を行う必要があり、ファンドの運営自体にそもそも沢山のコストがかかってしまうため、手数料も高くなる。

インデックスファンドとは、ある指標に連動するように作られたファンドだ。たとえば日経平均と同じ値動きをするよう設計されているファンドと考えてもらうと分かりやすい。日経平均が下がれば損をして、日経平均が上がれば得をする。また、ファンドマネージャーは連動するように銘柄を組み替えればいいだけなので、手間もかかりにくく、信託手数料が低いというメリットもある。

アクティブかインデックスかを選択する際、よく引き合いに出されるのが「ランダムウォーク理論」だ。この理論によると、アクティブファンドよりもインデックスファンドの方が、長期的に投資成績が良くなるはずだと主張されている。結局、株価

というのはプロにとっても予想は困難だ。そのため勝ったり負けたりを繰り返す手数料の高いアクティブファンドよりも信託報酬が低く安定しているインデックスファンドの方が資産運用に好ましいという理論だ。

債券に投資する投資信託

　債券の特徴は、株と比べてリスクが低いことである。株価が下がって困るのはせいぜい株主ぐらいだが、借金を返さなかったとなると企業の存続が危ぶまれる。また、100万円借りて1年後に101万円にして返済するなどと具体的な運用実績が目に見えてわかるのも魅力の一つだ。株式タイプよりも運用実績は見劣りするが、運用額が大きい人なら無理して株を購入することもないだろう。

株&債券タイプの投資信託もある

　株が半分で債券が半分というタイプの投資信託もある。もちろん、比率はそれぞれの商品によって違い、株7：債券3から株3：債券7の幅の中で比率を設定している投資信託が多い。株と債券はシーソーの関係にあるため、2つの商品を組み合わせるのは相性が良い。株が魅力的な市場になると、投資家は債券を売って株を買うため、株が上がり債券が下がる。逆に株に魅力がなくなると、株を売って債権を買いたがる。そのため両方バランス良く持っておくことで、市場の影響を受けにくいポートフォリオを作れるのだ。

日本で大人気なのは、不動産投資信託 (REIT)

　不動産投資信託（REIT）は、日本人に大人気だ。そもそも不動産投資は中リスク中リターンと呼ばれている。本当にリスクが中ぐらいかは置いておくが、家賃収入という比較的安定してまとまったお金が入ってくることを考えると、中リターンの商品であることは間違いないだろう。

　ただし実物不動産を使って実際に収益を得るためには、相当な知識と資金を必要とするため、アマチュア向けではない。

　つまり不動産投資したくてもできない人が多いのだ。そこで誰でもが手軽に不動産投資ができるREITの人気に火が付いた。

　REITは投資法人が投資家から資金を集めて複数の不動産に投資し、賃貸収入や売却による譲渡益を配当金として投資家に還元するファンドである。投資対象不動産は、オフィスビル、ホテル、マンション、商業施設、物流施設等だ。

　REITのメリットとデメリットをまとめてみよう。

　メリットは

1）少額から不動産に投資できる

2）流動性が高く、株式と同じように売買できる

3）不動産に精通した専門家が分散投資をしてくれる

4）株式に比較し投資家に分配金を出しやすい

※　収益の90％超を分配金として支出すれば、実質的に法人税がかからない。そのため、REITの収益のほぼ100％を分配に回している。内部留保もない。

逆にデメリットは

1) 借入金が大きいので、金利利上げに弱い

2) 信用リスク、価格変動リスクがある

3) 上場廃止・倒産リスクがある

※　実物不動産なら現物が残るが、REIT は無価値になる可能性もある。

　以上、メリット・デメリットを比較すると倒産リスクは事前調査で回避可能であるし、総合的にメリットの方が大きいと言える。

REIT 指数は日・米・世界でも順調

　以下に示す東証 REIT 指数は、2019 年 7 月には 11 年ぶりの高値を更新中で、これまでの最高値は月足ベースで 2007 年 5 月の 2,612 ポイント、最安値はリーマンショック直後の 704 ポイントである。

図4：REIT 指数

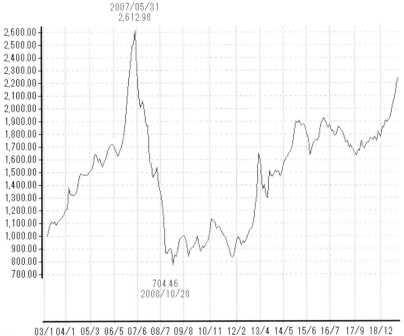

(C)QUICK Corp.

（出典：東京証券取引所　REIT 指数　2003 年 1 月〜　月足ベース

図5：東証 3 指数の比較（15 年 12 月 = 100 として）

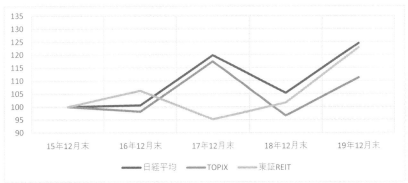

2015 年から 2019 年 10 月までの東証主要 3 指数を比較してみると、REIT 指数の伸びが大きい事が分かる。

　世界にも目を向けてみよう。米国 REIT 指数は、リーマンショック（2008 年 9 月）以前の高値は、2007 年 2 月の 833 ポイント。それがリーマン後の 2009 年 3 月には 216 まで低下して、以後ほぼ順調な右肩上がりを示している。最近では 1,500 ポイント近くに位置する。（2019 年 12 月末）

　米国を含む世界全体の REIT 指数の時価総額は 1.52 兆ドルで、内米国の割合は 62.4％。次に日本 9.6％、豪州 6.3％、英国 4.1％と続く。他に、シンガポール、フランス、香港、カナダ、南アフリカ、ベルギーなどと続く。

　こうしたことから投資の対象として、日本株式、日本債権、外国株式、外国債券の四つに、日本と外国の REIT を加えた 6 資産への分散投資は好ましい選考と言える。

投資信託人気ランキングからみる問題点

次の表を見てもらいたい。

図6：日米 売れ筋投資信託（上位5銘柄－純資産額ベース）

	順位	主な投資対象	投信タイプ	決算頻度	純資産の平均（兆円）	販売手数料 平均（税抜）	信託報酬 年率	収益率（年率）（過去10年平均）
日本	1	米国リート	アクティブ	毎月	1.1	3.20%	1.53%	▼0.11%
	2	海外リート	アクティブ	毎月				
	3	米国リート	アクティブ	毎月				
	4	海外株式	アクティブ	毎月				
	5	米国低格付債券	アクティブ	毎月				
米国	1	米国株式インデックス	インデックス	四半期	22.6	0.59%	0.28%	5.20%
	2	世界株式（除く米国）インデックス	インデックス	四半期				
	3	世界株式インデックス	インデックス	四半期				
	4	米国株式	アクティブ	年				
	5	米国債券インデックス	インデックス	毎月				

出典：金融庁「28年度事務年度 行政方針」より
16年3月末基準、ETF/DC専用、機関投資家専用は除く。
収益率は販売手数料も加味、分配金を再投資しないベース

　図6は2016年の金融庁で資料として掲載していた、日米の投資信託の比較をしている資料だ。筆者がセミナーの時、典型的な日本の投信の弱点を示すものとして、これを引用してきた。この表には、日本人が投資信託で損する理由がいくつも隠れている。投資信託の種類の説明に沿って、問題点も見ていこう。

決算頻度は少ない方がいい

　投資信託にお金を預けて儲かった場合は、分配金という形で投資家に配分される。年に1回まとめてもらえるタイプから、毎月1回もらえるタイプと決算頻度も数種類があるが、毎月型はお勧めできない。手間をかけ過ぎでしまうため、ほとんどの

ファンドで元本割れしている。また、かかり過ぎる手間賃を補うため非常に高いリスクをとって運用しているファンドであれば、負けた途端にあっという間に時価総額が下がってしまう。

「毎月お小遣いがもらえる投資信託」と聞くと、聞こえは良いが、注意するべきと覚えておこう。

ファンドの純資産額は大きいと安心

純資産額を言い換えると、「人気」になる。人気なファンドは急な大口のお客さんが解約したところで、大きなストレスはかからない。

総額1億円を運用しているAファンドと100億円運用しているBファンドの2つがあるとしよう。いきなり5,000万円の大口のお客様が解約した場合、Aファンドの場合は運用していた商品の半数を解約してお客様に返さなければならないが、Bファンドにとっては大きな混乱も起こらないだろう。投資信託は、景気が悪くなり運用益が出しにくくなると解約者が増加する。そのため純資産額は大きいに越したことはない。

保険は資産運用に使えるか？

大別すると保険商品に類するものの、おおよそ将来のための積み立てとして機能する投資性の強い保険も存在する。「変額保険・変額個人年金保険」、「外貨建ての保険」、「市場価格調整（MVA：Market Value Adjustment）を利用した保険」等がそれだ。

それぞれ簡単に説明を加えていこう。

変額保険・変額個人年金保険とは、株式や債券を中心とする「特別勘定」で資金を運用し、その運用実績によって保険金（年金）や解約返戻金が増減する保険だ。「特別勘定」の資産は、国内外の株式・債券で運用している。

外貨建ての保険とは、保険料の払込や保険金等の受け取りを外貨建てで行う仕組みを取り入れた商品だ。為替レートの変動により、受け取る円換算後の保険金額が契約時における円換算後の保険金額を下回ることや、受け取る円換算後の保険金額が、払込保険料の総額を下回ることがあり、損失が生じる恐れがある。

市場価格調整を利用した保険は、終身保険、養老保険、個人年金保険との保険種類について、市場価格調整により解約返戻金が変動する仕組みを取り入れた商品をいう。一般的に、中途解約時に積立金額に所定の「市場価格調整率」を用いて、解約時点の運用資産（債券等）の価値を解約返戻金に反映する（控除または加算）。

市場金利に応じた運用資産の価格変動が解約返戻金に反映されるため、市場金利の変動により、損失が生ずる恐れがある。

具体的には、中途解約時の市場金利が契約時と比較して上昇した場合には、解約返戻金は減少し、逆に下落した場合には増加することがある。

ポートフォリオの管理

　株式は、債券などに比較するとハイリスク・ハイリターンだ。

　調査機関イボットソンによると、48年間（1970年〜2018年のリスクとリターンは、

　日本株式　リターン6.0%　リスク　19.0%　（東証TOPIX））

　外国株式　リターン7.0%　リスク　19.2%　（MSCIコクサイ　円ベース）

となり、国内債券リターン5.3%／リスク3.0%、外国債券同3.3%／同10.8%よりリターンが高くなっている。

　債券は売り出し日には、売り出し価格は定額（例：日本では100円）、利率（クーポンレート）が決まっており、償還日は5年後とか10年後と条件が事前に決まっている。ところが、経済の動向によって、中央銀行が政策金利を上げ下げすることから、100円の価格が98円になったり、102円になったりする。

図7:

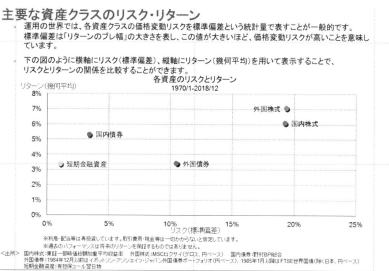

主要な資産クラスのリスク・リターン

運用の世界では、各資産クラスの価格変動リスクを標準偏差という統計量で表すことが一般的です。
標準偏差は「リターンのブレ幅」の大きさを表し、この値が大きいほど、価格変動リスクが高いことを意味しています。

下の図のように横軸にリスク（標準偏差）、縦軸にリターン（幾何平均）を用いて表示することで、
リスクとリターンの関係を比較することができます。

各資産のリスクとリターン
1970/1-2018/12

※利息・配当等は再投資しています。取引費用・税金等は一切かからないと仮定しています。

<出所> 国内株式：東証一部時価総額加重平均収益率　外国株式：MSCIコクサイ(グロス、円ベース)　国内債券：野村BP総合
外国債券：1984年12月以前はイボットソン・アソシエイツ・ジャパン外国債券ポートフォリオ(円ベース)、1985年1月以降はFTSE世界国債(除く日本、円ベース)
短期金融資産：有担保コール翌日物

ibbotson

利率は事前に決まっているので、価格が安くなると利回りは上昇、価格が高くなると利回りは下降となる。

　一般論としては、株式市場が高騰して来ると、債券市場から資金が株式市場に流れ込むので債券価格が下落する（利回り上昇）し、株式市場が下落して来ると、反対に債券市場は上昇（利回り減少）する。

　しかし、上記で述べたように、債券市場のリスク（価格の変動幅）が3.0％～10.8％という幅は、株式の19.0％～19.2％と言う変動幅よりなだらかでおとなしい。

　この性質の違いで、顧客のリスク許容度（どの程度リスクの変動に耐えられるか）によって、上記4つの資産の配分を変えていく。

リスク許容度別モデルポートフォリオ（％）

	元本保証型	保守型	安定型	標準型	成長型	積極型
期待収益率	0.10	1.32	2.80	4.01	5.29	6.44
標準偏差	0.50	2.37	4.98	7.97	11.18	14.19
ポートフォリオ						
国内短期	100	65	15	10	5	3
国内債券	0	15	40	20	5	0
国内株式	0	5	10	15	20	30
外国短期	0	5	15	15	10	0
外国債券	0	0	5	10	15	5
外国株式	0	0	5	5	15	32
国内REIT	0	5	5	15	15	15
外国REIT	0	5	5	10	15	15
合計	100	100	100	100	100	100

日本FP協会 「FPアセットアロケーション」より

　長期・分散投資の立場から、これらを４分の１ずつ取り込む４分法方式にするのは、極めて一般的な手法である。

ここまでのまとめ

　少し話がややこしくなったので、一旦整理しよう。第一章では、老後資金が足りなくなってしまう人がいること紹介しつつ資産運用が大切であると論じた。そして資産運用は、適切なリスクを取るリスクの見極めが必要だ。そのリスクを上手にとるためには、株や投資信託を活用すると良い。リートや変額保険なども活用できるかもしれない。選択すべき商品は人によって異なるため商品の特徴を理解してから具体的な商品選びに入った方が効率的と言えるだろう。

2-4　税も資産運用の大事なコスト

　投資や資産運用について検討するとき、忘れてはいけないのが税金の問題だ。給与所得や年金所得とは別に、投資で儲けたお金には税金がかかる。不動産にするか株にするかFXなのか保険なのかによってかかる税金が全く違うため説明は割愛するが、たとえば株であれば儲けに対して20.315%かかってしまう。100万円利益を出しても手元に残るのは80万円以下だ。

　資産運用は大切だと分かっても、儲かったら税金で取られると思うとやる気も削がれてしまうかもしれない。ただ、最近15年ほどでは政府は積極的に投資を推し進めている。「貯蓄から投資へ」というスローガンは聞き飽きたという人も多いはずだ。そうした環境下で、税金を優遇しようとする動きがある。それが今から紹介するNISAやiDeCoだ。

税金がゼロになるNISA

　2014年1月からNISA（小額投資非課税制度）がスタートした。イギリスのISAという制度を参考にしているため日本版のISAということでNISA（ニーサ）と呼ばれている。

　NISAは20歳以上ならだれでも始められて、毎年120万円の原資金に非課税枠が設定されている。その120万円は最大5年間非課税で運用できる。事業が好調な会社の株を持っていると通常年に1～2回程度配当金がもらえる。もちろん、その配当金にも高い税金がかかるが5年間はその税金がゼロになる。ま

た、値上がりして売った場合も税金はかからない制度だ。非常にお得な制度なので是非とも活用したい。

NISA には種類がある

　NISA には3種類ある。今回考慮に入れる必要がないのはジュニア NISA だ。これは20歳未満の人向けの制度で、二親等以内の親族がその子のために積み立ててあげる制度だ。活用するに越したことのない制度であるため、利用できそうな子がいる家族はぜひファイナンシャル・プランナーに詳しい話を聞いてみると良いだろう。

　一般的な資産運用を考えるうえで活用したい NISA は、現行NISA（区別のために現行をつけているが正しくは NISA）とつみたて NISA だ。NISA 口座は一人一つしか持てないため、どちらを選択するかも大切な問題だ。

図9：NISA の比較

	現行NISA	つみたてNISA	ジュニアNISA
特長	上場株式や投資信託などの利益が非課税に（通常20%）		
年間投資上限	120万円	40万円	80万円
非課税保有期間	最長5年	最長20年	最長5年
投資可能期間	2014〜2023年	2018〜2037年	2016年〜2023年
投資条件等	上場株式、公募株式投資信託、ETFなど	長期の積立・分散投資に適した一定の投資信託（公募等株式投資信託に限定）	国内外上場株式、投資信託、積立投資など
投資条件等	日本在住の20歳以上		✔18歳になるまで引出不可
		対象商品　信託期間が無期限又は20年以上	口座資格者　0歳〜19歳 ※20歳以降は通常NISAに移行へ
		✔毎月分配型でないこと	口座管理人　親権者
投資方法	単発での買付も、定期的な買付も可能	契約に基づく定期且つ継続的な方法による買い付け	

金融庁「平成29年度税制改正概要」等より

ご参考　金融庁「つみたてNISAについて」　平成29年6月

現行 NISA とつみたて NISA

　2つの NISA に共通するメリットとして、売買益や配当にかかる税金がゼロになる点だ。これは2つの制度とも共通している。つみたて NISA では年間およそ4,000円（40万円を5％で運用した場合）、現行 NISA では年間およそ12,000円（120万円を5％で運用した場合）節税できる計算だ。

年間投資上限は、現行 NISA に軍配

　現行 NISA とつみたて NISA の一つ目の違いは、年間投資上限だ。もちろん、非課税で投資できる金額は大きいに越したことがない。現行 NISA のメリットは、1年間に120万円非課税で投資できることである。

非課税保有期間が長いのはつみたて NISA

　非課税保有期間とは、株や投資信託を売らずに持ち続けた場合、どれぐらい非課税期間が続くかということで、長ければ長いほどよい。たとえば、1年間に5％の配当金がもらえる銘柄を40万円分持っていると年間2万円の配当金を受け取れる。もちろん持ち続けていれば、来年も再来年もその翌年も受け取れる。そういったお金にかかる税金がゼロになる期間が違うのだ。つみたて NISA は20年と大変長く、長期の運用には向い

ている。

投資可能期間は国会を注視する

　本書を執筆している2020年5月現在では、現行NISAは2023年に終わってしまう。しかし国会にはNISAの有効期限を恒久化する法案が出されており活発に議論されている。貯蓄から投資への流れを持続するためにも、NISAの継続は必須の政策だ。この投資可能期間は伸びる可能性もあり、国会の行方を注視することが重要だ。

投資条件は現行NISAの方が圧倒的に広い

　現行NISAで投資できる対象は非常に広く、私が推奨していない投機的な銘柄に対しても投資が可能だ。ほとんどすべての株と投資信託に投資できると考えてもらって構わない。一方つみたてNISAは、非常に厳しい金融庁の審査を通り抜けた160本の投資信託の中から選ぶ必要がある。個別株はそもそも購入できない。また、つみたてという名の通り、毎月つみたて方式で購入する必要がある。つまり1月1日に40万円分購入することはできないということだ。

　ただし、投資初心者にとって金融庁が160本に最初から絞ってくれているのは逆に好都合だ。金融庁は次の条件に当てはまる投資信託だけを認可しているが、非常に良心的な基準と言える。

1）投資信託の販売手数料はゼロ（ノーロード）、ETFは
　1.25％以下
2）信託報酬　インデックス型国内 0.27％、海外 0.35％　ア
　クティブ型 1.0 〜 1.5％程度の一定水準以下
3）毎月分配型でないこと
4）デリバティブでないこと
　開発者や販売者に有利な商品は、つみたて NISA には許可し
ないという国の意図がはっきりしている。

つみたて NISA の銘柄選択法

　ここまで読んでもらえれば、投資上級者や上手く運用する自
信がある人は NISA で、投資に自信がない人はつみたて NISA
を選択したほうが良さそうと分かる。本書を手に取ってくれた
皆様の多くは、つみたて NISA を選択するのではないだろうか。

　では 160 本程の商品をどのようにして絞り込むべきかを検討
してみよう。160 本から 30 程度に絞り込むための第 1 次フィル
ター基準は、次の通りだ。

1）運用期間　3 年以上
　3 年未満は発売から短期のため、評価ができない
2）純資産額　100 億円以上
　これ以下では販売不振で繰り上げ償還になりかねない。長
期保有を目的にしているのに繰上げになられては困る。
3）販売時販売手数料が低い
　インデックス型はノーロード（販売手数用　ゼロ）　イン

第
2
章

資
産
運
用
は
怖
く
な
い
。
正
し
い
資
産
運
用
と
は
何
か
？

デックス型以外のものは1.0%以下（税抜き）
4）年間経費（信託報酬）　インデックス型は既に記述した手
数料水準　インデックス型以外は1.0%以下（税抜き）

この基準を満たしたファンドはより詳しい条件でふるいにかけていこう。

1）リターンを3年、5年、10年それぞれ年率9.0%以上　この年率は絞り込む手法として9.0%としたが、上下させて良い。
2）シャープレシオを3年、5年、10年それぞれで各0.8以上

シャープレシオを取り込むことで、リスクの項目を取り入れている。シャープレシオは大きいほど効率よくリターンを上げていると見なされ、運用成績が良いとされる。
ここでは絞り込む手法として0.8としたが、上下させて良い。
（シャープレシオは第4章127ページで解説）

筆者の試算の結果は、筆者のホームページに掲載しているので、参考にして頂くとよい。ただしあくまで事例研究試算であり計算時の判断で基準を作成したので、この評価は試算時点のものであり、現状では変化していることを承知いただきたい。この結果を基に投資をするとしても、「最終判断は投資者の責任において為されること」は、投資の原則である。

※試算では第1次フィルターで162本を29本に絞り、第2次フィルターで29本を5本に絞った。
その5本は、インデックス型3本、インデックス型以外のも

の2本で、内アクティブ型が1本含まれた。

結局どっちがおススメなの？

　投資初心者に限っては、つみたてNISAがおススメだ。資産形成の原則である「長期、分散、積立、低コスト」の観点をバランスよく実現できるのが最大の魅力である。若い世代から始めるなら、リスクの高い商品で運用できるため資産の伸び率も大きくなるだろう。世代メリットを活用してぜひ若いうちから資産形成をはじめてほしい。

　ではこの5本全てを投資対象として良いかというと、そうではない。5本の内日本株式が3本、海外株式が1本、バランス型が1本となっているので、現在保有している資産を勘案して最終的に選別をする。

第3章

老後に備える！
年金、確定拠出年金等を理解する

仕事を定年退職したあとはどうやって暮らしますか？こう質問すると9割以上の人が年金で暮らすという。それほどまでに頼りにされている年金をどれぐらい理解しているであろうか。本書は年金の解説がテーマではないため最低限知っておいてほしい事柄のみをコンパクトにまとめてみた。

3-1　公的年金に詳しくなる

受給できる年金には、主に国民年金（老齢基礎年金）と厚生年金（老齢厚生年金）の2種類がある。これらをいつから受給できるかは、生年月日によって変わってくる。

男性は昭和36年4月2日以降、女性は昭和41年4月2日以降生まれの人は、基礎年金・厚生年金とも年金受取は65歳から。それ以前に誕生の人は、厚生労働省または日本年金機構のホームページで調べることができる。

もし65歳からの受給の場合、60歳で仕事をやめてしまうと60歳〜64歳の間は収入はなく他の手段か、貯蓄資産から取り崩していくことになり、この間の生計費の確保手段を退職以前に計画を立てておかなくてはならない。

▌まず年金をもらえるかチェック

年金を受け取るためには、一定の受給資格を満たす必要がある。

老齢年金の受給条件は次の通りだ。

① 保険料納付期間 （国民年金保険を納付していた期間、厚生年金に加入していた期間）

② 保険料免除期間 （保険料は免除されるが、受給資格期間として年金額に反映される期間、だし年金額は減額となる）

③ 合算対象期間 （受給資格期間にはなるが年金額には反映しない期間、カラ期間とも呼ばれる）

以上3つの合計が<u>10年以上</u>あることが受給の条件である。

図1：老齢年金の受給資格

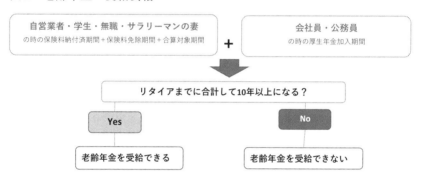

国民年金は日本に住んでいる20歳から60歳未満の人、全てが加入する。国民年金のみに加入する人（第1号被保険者）の月々納付する年金保険料は、定額で2019年度時点で16,410円。

国民年金（基礎年金）の支給開始年齢は65歳で、納付した期間に応じて給付額が決定する。20歳から60歳の40年間全て保険料を納付していれば、月額約65,000円（2019年度）の満額を受給できる。

厚生年金は会社などに勤務している人が加入する年金。保険

料は月毎の給料に対して定率となっており、2018年度末では18.3%で、実際に納付する額により個々で異なる。厚生年金では事業主（勤務先）が保険料の半額を負担しており（労使折半）、実際の納付額は、給与明細などに記載されている保険料の倍額となる。

　支給開始年齢は、従来は60歳だったが、段階的に引き上げられ、2025年度（女性は2030年度）には65歳になる。

　厚生年金の年金額は、働いていた時の給料と加入期間に応じて給付額が決められる。また現役時代に納付する保険料には国民年金保険料も含まれているため、国民年金分と厚生年金分の両方を受け取ることができる。

　おおよその年金額としては、厚生年金に40年間加入して、その期間の平均収入（月額換算した賞与も含む）が月428,000円の場合、受給額は月額約91,000円（2019年度）の老齢厚生年金と、月額約65,000円の老齢基礎年金を合計した約156,000

図2：年金制度の体系図

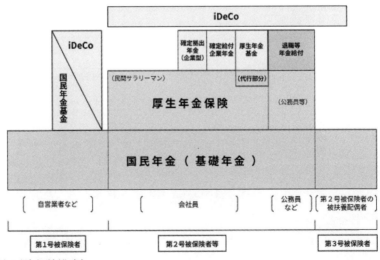

（資料：厚生労働省）

円（2019年度）になる。詳細は、日本年金機構が提供する「ねんきんネット」のサービスを利用するのが良い。

　年金制度には他にも、企業が任意で設立し、社員が加入する「企業年金」や、国民年金の第1号保険者が任意に加入できる「国民年金基金」などがある。これらはそれぞれ厚生年金、国民年金（基礎年金）に上乗せされて受給できる。

公的年金はいくら貰える？

　次に自分の年金額を概算して見よう。国民年金のみ加入の人は老齢基礎年金のみ。厚生年金保険加入者の人は、老齢厚生年金の金額もプラスする。

　老齢厚生年金額の支給開始年齢：従来の開始年齢は60歳だったが、平均寿命の上昇と共に段階的に引き上げられ、男性は2025年に、女性は2030年に65歳からとなる。

老齢厚生年金額の計算法：

> 平成15年3月までの加入期間部分＋平成15年4月以後の加入期間部分

〈平成15年3月までの加入期間部分〉
平均標準報酬月額×7.125（生年月日に応じた率）÷1,000×平成15年3月までの加入月数

〈平成15年4月以後の加入期間部分〉

図3：年金制度の体系図

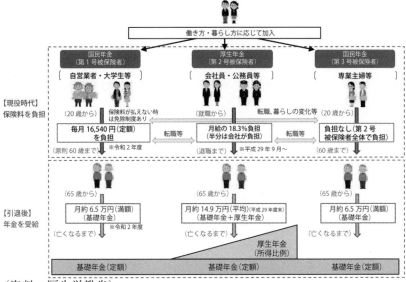

（資料：厚生労働省）

　　平均標準報酬額×5.481（生年月日に応じた率）÷1,000×平成15年4月以後の加入月数

　　会社員・公務員の年金額は現役時代の給料や働いた期間で異なってくる。

　　早見表から概略受給額を計算して見ると、たとえば夫の現役時代の賞与を含む平均給与が月45万円（38年勤務）の会社員で、妻が22歳から5年会社員で平均給与25万円のあと専業主婦の場合、65歳から90歳までの25年間で受け取る世帯の概算の公的年金額は、夫4650万円、妻2050万円、合計6700万円になる。

　　これ以外に、条件が合えば請求することによってもらえる年金に、「加給年金」と「振替加算」がある。届け出がないと受け取れないので忘れずに。

　　「加給年金」は厚生年金の加入期間が原則20年以上の人に、65歳未満の生計を共にする配偶者がいる時、18歳未満の子供

がいる時に支給される。

　65歳未満の妻と、18歳未満の子供2人まで子供一人につき、それぞれ年額224,500円が加算される。

　「振替加算」は、妻が65歳になるとそれまで夫に支給されていた「加給年金」が打ち切りになるので、この時一定の基準により妻の老齢基礎年金の額が加算される制度のことをいう。

　詳細は「日本年金機構　振替加算」で検索して調べて見よう。

公的年金以外の収入

　老後の暮らしを賄うのに、公的年金だけでは不足することは明白だ。他の老後資金も事前に準備するなどして、リタイアに備えなくてはならない。

　公的年金以外の収入としては、会社員の場合、
　　・厚生年金基金
　　・確定給付企業年金
　　・中小企業退職金共済制度
　　・確定拠出年金（企業型）
　　・確定拠出年金（個人型）
　　・個人年金保険　などがある。

　自営業の場合、
　　・国民年金基金
　　・確定拠出年金（個人型）
　　・小規模企業共済
　　・個人年金保険　などがある。

図4：厚生労働省：「確定拠出年金の対象者・拠出限度額と他の年金制度
　　　への加入の関係」

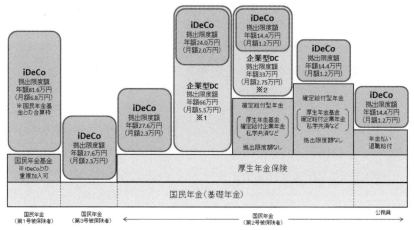

※1　企業型DCのみを実施する場合は、企業型DCへの事業主掛金の上限を年額42万円(月額3.5万円)とすることを規約で定めた場合に限り、個人型DCへの加入を認める。
※2　企業型DCと確定給付型年金を実施する場合は、企業型DCへの事業主掛金の上限を年額18.6万円(月額1.55万円)とすることを規約で定めた場合に限り、個人型DCへの加入を認める。

　これらのうち、確定拠出年金（企業型）と確定拠出年金（個
人型）について、深堀してみる。

3-2　企業型確定拠出年金（DC）

　普段皆様に馴染み深いのは、確定給付型の年金だ。65歳に
なったら、何万円もらえると初めから決まっており、それに向
けて保険料を拠出していく。もらえる金額が確定しているため
確定給付だ。
　一方、確定拠出型は、支払う金額は決まっているがもらえる
金額は分からないタイプの年金をいう。つまり運用実績次第で
もらえる金額が左右されるということだ。企業が福利厚生の一

図5：企業型確定拠出年金

制度に加入出来る人と拠出限度額　（2018年5月1日）

実施主体	企業型年金規約の承認を受けた企業	
加入できる人	実施企業に勤務する人	
掛金の拠出	事業主が拠出 規約に定めた場合は、加入者も拠出可能	
拠出限度額	1　確定給付型の年金を実施していない場合	55,000円（月額）
	※　規約において個人型年金への加入を認める場合	35,000円（月額）
	2　確定給付型の年金を実施している場合	27,500円（月額）
	※　規約において個人型年金への加入を認める場合	15,000円（月額）

資料：厚生労働省

環として行う場合は、企業型確定拠出年金の事を企業型DC（Defined Contribution）ともいう。現在の確定拠出年金制度は2001年10月に、公的年金に上乗せされる部分における新たな選択肢として確定拠出年金が導入された。

　確定拠出年金年金には、掛金を企業が拠出する「企業型年金」と、加入者自身が拠出する「個人型年金（iDeCo）」がある。この項ではまず「企業型年金」を取り上げ、次項で「個人型年金（iDeCo）」を取り上げる。

　企業型DCとは、企業が掛け金を毎月積み立て（拠出）し、従業員（加入者）が自ら年金資産の運用を行う制度だ。企業型DCには従業員が自動的に加入する場合と、企業型DCに加入するかどうかを選択できる場合がある。

　従業員は掛金をもとに、金融商品の選択や資産配分の決定など様々な運用を行う。定年退職を迎える60歳以降に、積み立ててきた年金資金を一時金（退職金）、もしくは年金の形式で受け取る。積み立てた年金資金は原則60歳まで引き出すことはできない。

企業型DCでは、従業員一人ずつに専用口座が設けられ、その口座に毎月の掛金や運用収益が蓄積される。実際の運用については、事業主が用意した運用商品の中から自分自身の判断（自己責任）で選定する一方、運用のリスクは加入者本人（従業員）が負う。

三つの税制優遇制度

　NISAの紹介部分でも言及したが、運用益には20.315%の税金がかかる。全体の2割を超えるというのは無視できない数字だ。そこでNISAと合わせて自助努力によって老後資金を捻出できる仕組みである確定拠出年金に対しても政府は3つの税制優遇措置を講じている。

① 　運用で得た利益は全額非課税
② 　60歳以降受け取る形式が、一時金であれば「退職所得控除」、年金であれば「公的年金等控除」が受けられ節税ができる
③ 　毎月の掛金として従業員が拠出した掛金は、全額所得控除の対象となり、所得税・住民税の軽減となる

　長期運用、積立投資の仕組みがあり、税制上の恩恵のあるこの制度は、会社従業員にとっては、基盤として誰もが利用して良い制度だ。

　①の運用で利益は全額非課税という面は、NISAと同じだが、②と③はNISAにはないメリットだ。原則60歳まで引き出せないという年金としてのデメリットをさらに2つの税制優遇措

置で補っているイメージを持つと分かりやすいだろう。

　②と③は両方とも所得控除になるという税制優遇だ。所得控除というのは、少し難しい概念のため順を追って説明しよう。たとえば、所得税は稼いだお金に対して税率をかけて計算する。たとえば稼いだお金が550万円なら、これに規定の税率（330〜695万円なら20％）をかけて割り出す。控除というのは稼いだお金から引いてよいということだ。仮に30万円分DCに拠出したとすると、520万円に税率がかかる計算となる。

自分の責任で運用する

　掛金の運用は、運用商品の中から加入者自身が運用指図を行う。運用商品は、預貯金、投資信託、保険商品等となっている。運用商品の選定・提示する実施主体は、必ず3以上35以下の商品を選択肢として提示する義務がある。2018年5月1日現在、提示商品が35を上回っている場合は、5年間は同日時点の商品数が上限となる。

　運用方針の作成は加入者自身の投資環境に基づくリスク許容度と投資資金により、個々の人によって異なる。

　まず自身の投資目標を決める事から始める。

・定年時の想定貯蓄額を算出（A）

・定年から平均寿命年齢＋5年で年金受給額を算定（B）

・死亡年齢までの生活費、想定継続出費額、想定臨時出費額の算出（C）

　（A＋B）－（C）＝□

　これに基づき、開始年齢と目標利率を算定する。

投資信託の種類でもふれたが、運用商品の中で運用コストの安いパッシブ型（インデックス型）を選ぶと良いだろう。

　選択の基準はこれまで述べてきたように、「長期、分散、積立、低コスト」の４原則に従うこと。運用期間が長く、運用資金の大きな銘柄を選ぼう。

　一度選んだら、あとは自動で毎月引き落とされていくことになるが、定期的に見直すことも必要だ。目標通りに進んでいない時は、スウィッチングして方針を再設定するべきだ。

　企業型DCで用意されている運用商品は、「元本確保型」と「元本変動型」に分けられる。

　元本確保型には定期預金や保険があり、元本は確保されているものの、現状の低金利状態では資産を大きく伸ばすことはできない。

　一方、元本変動型には投資信託がある。運用成果によって資産を大きく増やせる可能性があるが、運用リスクがあり元本割れの可能性もある。

　もちろん、どのような商品を選ぶべきかを検討するときは、第二章で解説したリスク許容度なども考慮して商品を選ぶ。もちろん若ければ元本変動型に多くを集中させ、長期、積立投資の恩恵を受けるようにする。

銘柄選別法

　若い人はリスク許容度が大きいとはいえ、DCは生活安定のための制度だ。そのためあまりにもリスキーな運用は好ましくない。もちろん過剰なリスク・リターンの商品は少ないが、そ

れでもチェック項目は押さえねばならない。

① 運用対象　何を対象に運用されているか　国内株式、国内債券、外国株式、外国債券、国内 REIT 、海外 REIT のどれか　バランス型でも対象を掴む
② 運用方針　「インデックス（パッシブ）型」か、「アクティブ型」か　概してインデックス型の価値率が高い
③ 運用期間　短期だと運用成績も評価が一方に偏るので、開始から長いものを選択
④ コスト　低コストのものを選ぶこと
⑤ 分散　運用成績が良いからと1分野のみに限定せず、4つまたは6つの分野に分散して配分すること。

もちろん思い通りに行かない時は、運用期間中であっても銘柄変更や配分比率を変える事が必要だ。

確定拠出年金（個人型）

2016年5月改正確定拠出年金法が成立し、2017年1月から個人型確定拠出年金（通称：iDeCo）が始まった。

改正の背景には、「DC は加入者自身が運用商品を選択するが、年金目的の長期運用であるにも拘わらず、DC 資産の半分以上が預貯金と利率保証型保険商品で占められており、長期分散投資が実践されているとは言い難い状況にある」という事情があった。

前項の企業型と同じように、60歳以降の受け取りとなる。

図6：個人型確定拠出年金（iDeCo)

制度に加入出来る人と拠出限度額　（2018年5月1日）

実施主体	国民年金基金連合会	
加入できる人	1. 自営業者 農業者年金の被保険者、国民年金の保険料を免除されている人を除く （国民年金第1号被保険者） 2. 厚生年金の被保険者 公務員や私学共済制度の加入者を含む。企業型年金加入者においては、企業年金規約において個人型年金への加入が認められている人に限る。 （国民年金第2号被保険者） 3. 専業主婦 （国民年金第3号被保険者）	
掛金の拠出	加入者個人が拠出 「iDeCo＋」（イデコプラス・中小企業主掛金給付制度）を利用する場合は、事業主も拠出可能	
拠出限度額	1. 自営業者 ※ 国民年金基金の限度額と枠を共有 2. 厚生年金保険の被保険者の内 〔1〕厚生年金基金の確定給付型の年金を実施している場合 〔2〕企業型年金のみを実施している場合 〔3〕企業型年金や厚生年金基金の確定給付型の年金を実施していない場合 〔4〕公務員 3. 専業主婦（夫）	68,000円（月額） 12,000円（月額） 20,000円（月額） 23,000円（月額） 12,000円（月額） 23,000円（月額）

資料：厚生労働省

　　税制優遇もあり、積立金額全てが「所得控除」の対象で、所得税・住民税が節税できる。さらに運用で得た運用益や利息も「非課税」となる。受取時は、「公的年金等控除」「退職所得控除」の対象となる。

　　勤労者が、勤務先のDC用資金に加えて自己資金を積み立てたり（ただし規約に定めのある場合)、専業主婦も60歳以降の生活資金形成に着手できる。

iDeCoの運用方法は基本的に、「企業型」と同じである。

その概要は前ページの表の通りだ。

これをみて分かるように、iDeCoはほとんどの世代で利用可能な制度だ。

企業型DCは、福利厚生事業として勤務先の制度を利用する必要があるため希望してもできない人も多い。個人型であるiDeCoは加入するかどうかを決め、運営管理機関（金融機関）を選び、運用を自分で行う制度だ。もちろん企業型と同様の税制優遇措置も受けられる。

iDeCoをはじめるには？

iDeCoをはじめるには、運営管理機関に当たる金融機関を選ばないといけない。運営管理機関は銀行、証券会社や保険会社など200社以上があるが、1人1口座しか開設できない。どこでも同じという訳ではなく、金融機関ごとに扱い対象商品が異なるので、その商品の数やラインナップを比較検討して置くことが必要だ。具体的に購入したい商品があるなら、その商品の取り扱いがある金融機関はどこかという探し方もできる。

それと同時にサービスサポート体制も重要である。加入後は金融機関のウェブサイトを通じて資産状況の確認や運用指示、情報収集を行うことになる。そのため、サイトが見やすいか、使いやすいかもチェック項目だ。コールセンターが掛かり易いか、夜間や週末でも受付をしてくれるか等もチェックしよう。

金融機関によって異なる口座管理手数料も重要比較項目だ。

原則として、口座開設時には2,777円かかり、運用期間は最低でも毎月167円（年額2004円）の手数料がかかる。ただし、例外的に手数料等をゼロとしている金融機関もある。しかし選定の場合、コストが最低だからとの理由で選ぶのは賢明ではない。商品のラインナップ、情報提供やコールセンターでの支援等総合的評価の上で選びたい。

退職金はどのくらいもらえるか

　退職金は会社の規模や、勤続年数などにより大きく異なる。

　厚生労働省「平成30年就労条件総合調査結果の概況　退職給付（一時金・年金）の支給実態」によれば、勤続20年以上かつ45歳以上の退職者の場合で、

高校卒（現業職）　　　　　　　　1,159万円
高校卒（管理・事務・技術職）　　1,618万円
大学卒（管理・事務・技術職）　　1,983万円　となっている。

　退職事由として会社都合、自己都合、早期優遇のうち、自己都合は上記金額より低く、早期優遇はそれより高くなっている。

　退職金の性格は、長年働いた報奨金ではない。退職後のセカンド・ライフの生活資金だ。60～65歳で退職後、年金が出るまでの繋ぎ資金になるし、年金受給後も受取年金では毎月5万円～10万円位の赤字が出ると予想されるので、その補てん費用になる。

　退職金は余裕資金ではないので、投資などリスク性商品の購入などは控えねばならない。

3-3　保険はどれぐらい入っておくべきか

生命・医療保険は何のために必要か

　保険は、世帯主に万一の事があった時や、自分や家族が病気やケガで入院した時などの経済リスクに備えるためのものだ。そのリスクは後の遺族の生計費や教育費等の費用がかさむことから、最後の子供が出生した時が、最大額となるのが一般的である。お金を貯めるには多くの時間が掛るが、保険に加入すれば、加入した時点で万一の事があっても、必要保障額は確保できるので安心だ。

世帯主が保険加入する時は、優先順位がある。

　優先順位1番は、世帯主の死亡保障。残された妻や子供が生計の確保を目的として保険金を決める。第2位は医療保険。入院費、手術費などに加え、就労できなくなった場合も含め収入補償保険も考えなくてはならない。

　第3位に妻の死亡保障。世帯主や子供に負担がかかる部分の保険だ。最後として子供保険。子供の教育費を準備する。必要保障額の算定のためのリストを作成して見よう。

保険の見直し

　死亡保障に過不足がある時は、保険の見直しが必要となる。死亡保障に過不足があるとは、保障が多すぎると保険料がアッ

プするし、不足があると万一のときに遺族の生活を守れない。

　保険の見直しは一度算定したから終わりとするものでなく、住宅を購入した時や、子供が学校を卒業した時、結婚して独立した時など、大きなイベントがあった時に算定して見直すのが良い。公的年金額は年金事務所から毎年誕生月に届く「ねんきん定期便」を基に算定する。次の表で自分で保障額を算定してみよう。

　必要保障額とは、

必要保障額＝遺族の支出－遺族の収入

図7：必要保障額の算定表

	項目	備考	金額
万一の時に掛かる費用	末子が独立するまでの生活費	現在の基本生活費×70％×末子が独立するまでの年数	円
	末子が独立した後の配偶者の生活費	現在の生活費×50％×（90歳*－末子独立時の配偶者の年齢）	円
	子供の教育費	文科省の資料を基に	円
	子供の結婚資金援助		円
	死亡整理金（葬儀代など）		円
	支出計（A）		円
万一の時の遺族の収入・貯蓄	遺族の収入		円
	公的遺族年金		円
	妻の老齢基礎年金・老齢厚生年金		円
	勤務先からの死亡退職金・弔慰金等		円
	現在の貯蓄総額	現預金、貯蓄性保険、リスク性商品等	円
	収入・貯蓄合計（B）		円
	（A－B）必要保障額		円

*女性の平均寿命

資料：日本FP協会　ワークブック

　次の表は、厚生労働省が2017年に発表したサンプルだ。このサンプルでは、世帯主が60歳以上の無職世帯（2人以上）の平均家計収支を表している。

　これによると公的年金を含む収入は、約212,000円。一方、税金を含む生計費は月約267,000円で、差引約55,000円が不足

するという「2000万円不足」問題の原点の資料だ。

図8：生活費は54,711円不足する

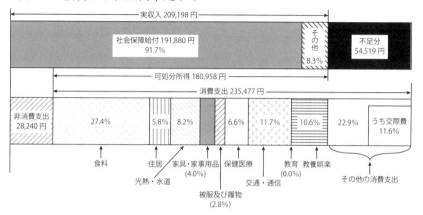

（注）　1　高齢夫婦無職世帯とは，夫65歳以上，妻60歳以上の夫婦のみの無職世帯である。
　　　　2　図中の「社会保障給付」及び「その他」の割合（％）は，実収入に占める割合である。
　　　　3　図中の「食料」から「その他の消費支出」までの割合（％）は，消費支出に占める割合である。

資料：厚生労働省

　問題は生計費で、都市部と地方部でも大きな違いがある。生命保険センター「生活保障に関する調査」（2016年）によれば、ゆとりある生活費は月35万円とされる。

　この金額に基づくと月当たり約100,000円が不足すると見られる。仮に年金受給を30年間とすると、実に3,600万円不足する。

　退職前の保有資金＋退職金＋生涯公的年金＋企業年金であっても、終身の安心が得られないとすると、まずは「自助」つまり資産形成を模索しなければならない。

　具体的には相続、不動産、金融商品、保険商品、節税制度等々多種多様の方法があるが、本書では金融に的を絞って進めたい。

貯蓄から投資へを成功させる

　小泉政権時の「貯蓄から投資へ」と掲げたスローガンのもと、2003年から証券税制の優遇措置が取られた。その内容は株式配当や投資信託の分配金等の「インカムゲイン」と、売却時の譲渡益などの「キャピタルゲイン」などの税率を20％から10％に引き下げて、投資への関心を盛り上げようとしたものであった。

　背景には、保有資産の割合が海外と比較して見ると大きく異なることがある。日本の個人の金融資産の現預金の割合は50％台で、一方株式・投資信託のリスク性商品の割合は10％台であったものを、米国のように投資の割合と増やそうと構造を変えようとするものであった。しかし、この傾向は若干の変動はあったものの、10年経っても大きく変わらず、この優遇制度は2013年末に終わった。

　この期間中には、2008年のリーマン・ショックが起こるなど世界の株式市場は「投資」という旗を振れるような時代ではなかった。結局、「貯蓄から投資へ」は挫折した。

　この現預金とリスク性商品の保有割合は未だ、変わっていない。19年3月時においても図9に見られるように、日本のその割合は大きく変わっていない。

　では、なぜ米国はリスク性商品が50％弱もあるのか。金融庁の「平成28事務年度金融レポート」には、日米家計金融資産の比較が掲載されている。その中で注目するポイントは、次ページ表に示す米国の株式や投資信託の保有割合の推移だ。

図9：家計資産比較：日銀・資金循環の日米欧比較

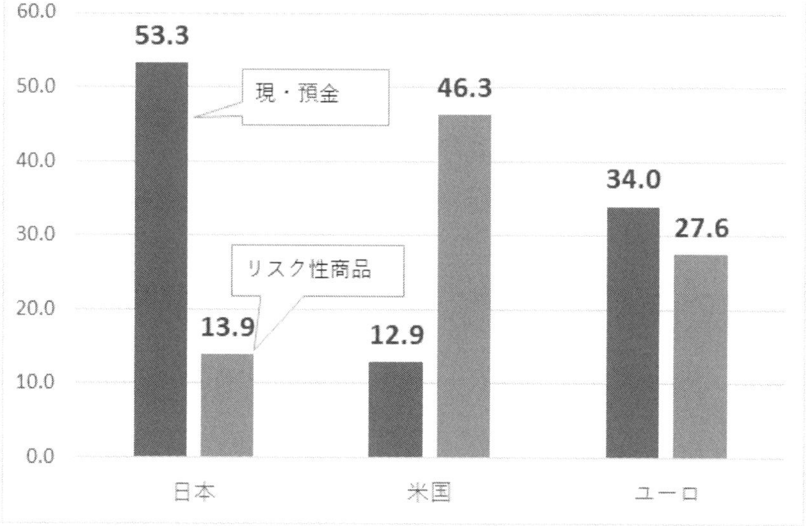

レポートの中の文言に注目すべきコメントがある。米国でも、1985年までは今の日本と同じようにリスク性商品の割合は、15％前後だったというのである。

それが1985年頃からその割合を増やして来た。何故だろうか。その理由を金融庁のコメントでは次のように述べている。

『米国家計もかつては今の我が国の家計と同程度しか株式・投資信託を保有していなかったが、401（K）やIRAの普及が資産の分散を後押しした』

ここで、401（K）とは企業型確定拠出年金、IRAとは個人向け確定拠出年金のことと注釈している。

IRAとは何か？

Individual Retirement Accountsの略で、個人退職勘定と呼

ばれる。米国で最も一般的な退職後資金積立制度で、金融機関に口座を持ち、一定額までの掛金に対し税制優遇がある個人年金である。1974年の従業員退職所得保障法（ERISA法）により創設された。目的は、企業の退職給付制度へ加入するメリットを受けられない中小企業の従業員や個人のために老後資金の積立手段を提供することであるが、企業規模に関わらず一定所得以下の従業員も加入できる。また、確定給付型及び確定拠出型年金からの移行資金の受け皿でもある。

IRAには色々な種類があるが、最もよく使われるのが「通常IRA」（Traditional IRA）と、「Roth IRA」の二種類がある。いずれも拠出金と運用益が非課税、あるいは課税繰り延べの所得税控除の特典がある代わりに、59.5歳未満では引出ができない（ただし、本人死亡や全身障害などの場合は除く）。

年間の拠出限度額は、それぞれのタイプ共に月6,000ドル。年度中に50歳の誕生日を迎えるかそれ以上の年齢の人は、さらに1,000ドル追加できる（合計7,000ドル）。

この2種類を比較して見ると、ケース・バイ・ケースで選択するしかない。

資格要件は、通常IRAでは70.5歳以下で勤労所得があること。Roth IRAは年齢制限はないが、勤労所得があることである。

所得税面の優遇で見ると、通常IRAは積立時に所得税控除があり、非課税で運用する。引出時に税金がかかる。Roth IRAは積立時に所得税控除はないが、運用時は非課税で引出時も無税である。

図10：米国家計金融資産の株式・投資信託の保有割合の推移

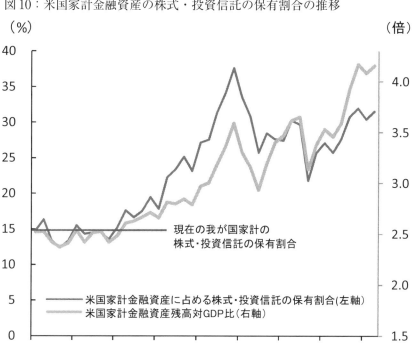

（注）株式・投資信託の保有割合は、年金・保険等による間接保有分を除いた
　　　直接保有分の割合。
（資料）FRB、Bureau of Economic Analysis より、金融庁作成。

（出典：金融庁　「平成28事務年度金融レポート」P51）

日本人が投資に踏み切れない理由

　日本の家計は、2000年以前から「現預金」が恒常的に50％
以上を占めており、株式や投資信託のリスク性商品は、20％に
届かない。

　次の図11は金融庁でまとめた日米金融資産の比較表である。

図11：家計金融資産の構成

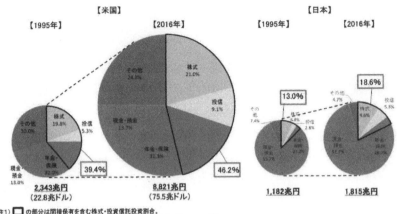

(注1) ☐ の部分は間接保有を含む株式・投資信託投資割合。
(注2) 右の為替レートを使用(1995年末 1ドル=102.9円、2016年末 1ドル=116.9円)。
(資料)FRB、日本銀行より、金融庁作成。

(出典：金融庁 「平成28事務年度金融レポート)」

　　米国と比べると明らかに、日本はリスク性商品を毛嫌いして
いる。この理由は、日本の株価推移を見ると分かる。

　　1989年12月29日の取引時間内株価が38,957円。この株価
は86年1月の3倍となり、経済規模が1.3倍になっただけなの
に、誰もが土地、株式、ゴルフ場の会員権、ワンルームマンシ
ョンなど投資に熱狂した。

　　1985年9月22日、先進5ケ国による「プラザ合意」がなさ
れた。これはドル安と円高・マルク高を容認することにより、
アメリカの赤字を解消しようとする国際協調の為替コントロー
ルだ。日本からは竹下登大蔵大臣が出席し、調印。プラザ合意
時のドル円為替は235円だったが、1日24時間で約20円上昇
した。以後ドル高時代から、円高時代に入る。翌1986年7月
には為替は150円になった。この1年の為替相場は、日本の戦
後の経済・産業史上最も激烈な転換を余儀なくされる変動だっ
た。

図12：日米株価推移（12月終値）

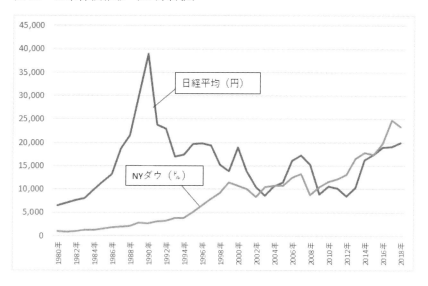

　さらに、1987年10月19日、ニューヨーク証券取引所で、前日比508ドル安の大暴落が起きた。1日の下落率が22.6％という、1929年の大恐慌を上回るものだった。世にいう「ブラック・マンデー」だ。これを受け、東京市場も過去最大の3,836円、下落率14.9％を記録。日本政府・日銀は「日本初の世界恐慌は起こさせない」とそれまでの公定歩合2.5％をさらに1年半継続し、本来利上げをすべき時期に低利を維持した結果、過熱状態の景気を引き締めるタイミングを見失ってしまった。

　公定歩合は、1989年中に3回、計1.75％利上げをして年末には4.25％となったが、景気の過熱を抑える事はできない、そして、同年12月29日の大納会の日史上最高値38,315円（終値）を迎える。

　年を越すと一転、株価は下落するが、土地価格はまだ上昇を続け、3月に発表された1月1日現在の地価公示価格は大阪圏

の住宅地で前年比56.1％上昇するなど、過去最高をつけた。

　こうした現象に日銀の政策の遅れはまだ続く。1990年10月1日には、株価が20,000円を割り込むところまで下落しているのに、公定歩合を90年年内に2回、計1.75％上げた。まるで高熱の人を水風呂に入れているような状況だ。大蔵省の失敗との批判も逃れられない。金融緩和を続けたことと、日銀の金利政策の判断時期を大きく読み違えたことだ。

　以来約30年、史上最高値を経験したことのない日本人は、「投資に手を出すな」と言われ続けても不思議ではない。

　長期保有を目指す株式投資家にとっては、リターンが順調な上昇を続けてきた訳ではない。89年をピークとして、日本経済は停滞を繰り返し、以降、投資家は、いわば成功体験がない。一種のトラウマのように、株式投資は損をする可能性が高いという気配が長く日本を覆ってきた。

第4章

先人の投資理論を学び
リスクをコントロールして
投資を始める

本章は投資をして収益を上げるための指南書ではない。皆様にとって最も適切と思われる理解・知識を持って頂いた上で、資産形成の手段として投資活動を進める手立てにして頂くことを目的としている。

　「最も適切と思われる理解・知識」とは、自らの生涯の家計が安心して暮らせるための理解・知識のことである。将来の自分の生活を推し量ることをせずに、リスクの高い外貨証拠金取引（FX）とか、商品先物とか、暗号資産（仮想通貨）など魅力を振りまいている価格変動（ボラティリティ）の高い商品群に、惑わされてはいけない。

　たとえば、仮想通貨、今は名称を変えた暗号資産は、ここ4年の価格変動は目を覆うものがある。15年1月初に211USドル、16年年初376ドル、17年年初869ドル、18年年初16,220ドル、そして19年初は3,447ドルとアップダウンをしている。これは、正常な投資ではなく、「投機」だ。

　「投機」とは、相場の変動を利用して利益を得ようとする短期的な取引であり、相場によっては大きな損失を受ける可能性を持つ取引だ。

4-1　資産形成のための投資活動

　投資と投機は保有期間が異なる。投機は勝ちに行くために攻めであり、投資はじっくり育てる守りの手法だ。投機＝ギャンブルだが、投資はギャンブルではない。しかし、投資の名を騙り短期に売買を繰り返す手法を推奨する人も多い。

　ギャンブルをやらない者からみると、1日12レースある中央競馬の場合、勝つか負けるか1/2の割合（もちろん、実際は1/2よりも低いだろう）で、12レースを勝ち続けるその確率はどれほどか。1回が0.5の確率として、これに12乗を掛けると答えは10,000分の2.44。10,000人で2.4人だけが勝ち続ける計算になる。さらに、公営主催者に25％を取られるギャンブルは決して元を取れるものではない。

　割の合わないことを承知でギャンブルに手を出すという事は、金を失っても別な何かがあるから馬券を買うのだろう。その競馬場の雰囲気か、愛馬への執着か、ゴール前のあの熱狂か、それとも自分の馬を見極める慧眼を試すためか。兎も角、投資の理論を超越したところにそのパッションの源はありそうだ。

　投資の定義とは何か。これについて、投資家ウォーレン・バフェットが師と仰ぐベンジャミン・グレアムは次のように定義する。

　「投資とは徹底した分析に基づいて、元本の安全性と満足すべきリターン（投資収益）を確保する行為である。この原則を満たさない行為を投機と呼ぶ。」

　ここでグレアムが強調する「徹底した分析」とは、「確立さ

れた原則と筋の通った論理に基づいた結論を導くために、手に入る事実や要件を慎重に検討することである。

　しかし、このような曖昧な定義では、個別・具体的な行動の規範とするには、難がある。

　「徹底した分析」とは、どの程度の詳細な分析を指すのか。元本の安全性と満足すべきリターンの確保とは、一見矛盾しないか。元本の安全性とはリスク0と仮定すれば、定期預金であり、個人向け国債となる。しかし、こうした元本の安全性では、満足なリターンが得られないのが実情である。したがって、本書では、ベンジャミン・グレアムの定義をふまえつつ、リスクを抑えつつ、満足とまではいかないが最善と思われるリターンを求めていく。

　有名なウォーレン・バフェットの投資哲学は、もう少し具体的に私達に投資の指針を明示してくれる。バフェットは、「投資についての最も重要な要素は、企業の実質的な価値を確定した上で、適正な価格、あるいはそれよりも割安な値段で買う事」だと強調する。バフェトは根気強く研究する。彼がリスクを下げるもう一つの方法は自分が投資をしている企業について理解することである。理解していないとすればリスキーな事業となる。

　図1に著者なりの投資と投機の違いを分けてみた。本書の目的である適切な資産形成を遂行するためには、リスクをコントロールしながら、安全な資産形成を成就することにゴールがある。

　投資と投機の違いを分かりやすくいうため、農耕民族型と狩

猟民族型とに区分してみた。農耕民族は、毎年毎年同じ農地を耕してきて、天気、気温、肥料、水、病気の発生などを研究してきて、収穫期を迎える。一方、狩猟民族は、狩りのできる場所を探して移動し、同じ場所に定住しない。北に良い獲物があれば移動し、狩りが終われば次に移動する。

　これを投資で言えば、前者をパッシブ、後者をアクティブと呼んでいいのではないか。

　さて、投資の対象としては、大半が株式・債券・投資信託となろう。

図1：投資と投機の違い

	投資	投機
民族型	農耕民族型	狩猟民族型
保有期間	長期保有	短期で売買
利潤	複利の力でじっくり増やす	薄利・多売主義
ゲインの方法	インカムゲイン	キャピタルゲイン
リスク	コントロールされている	相場に任せる
相場変動	慌てることなく保有	変動に併せ回転売買
商品	債券	株式
	現物買い	信用取引

証券投資におけるリスクとは

　証券投資におけるリスクは大まかに以下の５つがある。一般にリスクというと、「危機」の状態を意味するが、投資の世界では価格変動の幅のことをいう。これを「ブレの大きさ」とも言い、リスクとは「平均からのリターンの散らばり」を指す。

　１）価格変動リスク：株価や債券の価格の変動により、期待通りの収益を上げる事ができなくなり投資元本を割り込むことがある。

　２）為替変動リスク：外貨建て商品の場合、円安・円高により手元に残る円貨の額が変わる。

　３）信用リスク：株式発行者や債券発行者の信用状態が悪化すると、投資元本を割り込むことがある。

　４）流通リスク：換金しようとした時、換金できなかったり、換金が遅れたりすることがある。

　５）カントリー・リスク：投資した国や地域により、その国や地域の政治・経済・社会情勢の不安定化や混乱で投資した資金の全て、または一部が回収できないことがある。

　少し専門的になるが、リスクを捉える手法として「標準偏差」を計算する手法がある。

　偏差とは平均値からの乖離のこと。この偏差の２乗を平均した値を「分散」といい、さらに分散の平方根をとった値を標準偏差という。

　簡易に標準偏差を計算する場合、エクセルの関数を使うと便

利だ。データが B2 から B10 まである時には、= STDEVP.P
（B2：B10）、または= STDEVP（B2：B10）を使うと良い。

分散投資

　安定した収益を上げる為には、分散投資という考え方は必須
だ。資金を複数の金融商品に分けて（分散）投資することをい
う。一つの銘柄に100すべての資金を投入するより、50を2銘
柄、または25を4銘柄に分ける事により、リスクを回避し、
収益の安定を狙う。

　ただ闇雲に保有銘柄の種類を増やせばいいという訳ではな
い。それぞれの銘柄が弱点を補い合うような構成が好ましい。

　具体的には以下の3つの分散を心掛けよう。

①　金融商品を分ける

②　業種を分ける

③　地域を分ける

　たとえば、株式で自動車メーカーの株、タイヤメーカーの株、
電装品メーカーの株を持っているとした場合、仮に石油価格が
暴騰したような時など、自動車業界は販売不振に陥り、株価は
急激に下落が予想される。他方、石油開発する会社にとっては
需要が増すと共に、販売価格が上昇して株価は急激に上昇する
ことが期待される。自動車メーカーと石油開発会社の株式を同
時に保有することで、負の関連性を保てリスクが分散できる。

　相関性が強く同じ動きをするものを相関係数「1」、全く関連
のない動きをするものを相関係数「0」、真逆の動きをするのを

「-1」と数字で表示する。たとえば日経平均225株価と、ニューヨークダウ30とは似た動きをすることで有名だが、その両者の相関係数は0.9前後だ。

同様に為替相場で、円が安くなると日本株が上昇ファクターになるし、円高になると下落ファクターになる。これは負（－）の相関になる。

分散投資をするうえで見つけるべきは、真逆の動きをする負の相関である。一つの銘柄が値下がりしてももう一つの銘柄が値上がりしていれば、大きなダメージを負うことはない。そうしてバランスよく分散することで、価格変動リスクの高い商品を持つリスクを大きく減らせる。

大切なのはアセットアロケーション

分散投資を考える際、最も大切なのはすばらしい商品を見つけることではなくバランスよく資産を形成することだ。国内債券、国内株式、外国債券、外国株式を1/4ずつ保有するとして、これまでの事例報告としては7年以上の保有で総体として黒字化する傾向がある。10年以上の保有ならほぼ黒字化すると言われている。

こうして資産を分散して投資することを、「アセットアロケーション」という。アセットアロケーションは、投資家のリスク許容度、目標、時間軸に応じて、ポートフォリオ内の各資産の割合を調整することにより、リスクとリターンのバランスを取ろうとする投資戦略である。

分散の手法としては、他にも不動産、新興国、コモディティ

ーなどがあるが、バフェット氏も言うように、少なくも知らないものには近づかない方が賢明だ。むやみにアセット分類や種類が多ければ良いというものではない。投資信託のケースに見られるように、多ければ逆にコストが掛り、販売時手数料や、信託報酬のコストがアップされることになる。基本的に上記4資産だが、国内債券は当面金利が上昇するとは考えにくく、これを外して3資産としてもよい。

長期投資

　短期的な利益を追い求める投機に陥ってはいけないと述べた。資産形成のための投資と位置付けるなら、長期投資は欠かせない。では長期という期間の目途はどれほどなのだろうか。

　私は最低7年以上の保有をお勧めしている。最長では自らの最後までと考えよう。投資対象として素晴らしい商品をわざわざ手放す意味はない。魅力的であり続ける限り保有するのが大切だ。また、1度買ったら7年は売らないつもりで商品を買った方がよい。

　ではなぜ長期保有すると、資産は黒字化するのか。
　それは資本主義の世界では、例外はあるが、年々経済成長を続けているからだ。株式市場や金利市場は経済成長を背景に成長を続ける。投資する対象は経済成長と連動していることを認識した上で、経済成長の進展具合を研究し、将来の発展の速度を予測して進めていくことになる。

ドル・コスト平均法

　積立投資とは、一定金額を定期的に積み立てしながら、株式や投資信託などを購入する方法をいう。

　通常は毎月積立型が多く、その良い例が、サラリーマンが資産形成の手段としている確定拠出年金制度や、自社の株式を給料天引きで購入する持ち株会制度だ。

　前章でも紹介しているが、毎月一定額の銘柄を購入する投資方法を「ドル・コスト平均法」という。購入時期を分散することによりリスクヘッジが自然にできると同時に、平均取得単価コストを引き下げる効果がある。定期的に一定額で投資することで、短期的な価格の上下が長期的な資産運用に影響を与えないようにする効果も期待できる。また、多くの場合、平均購入株価も低く抑えられる傾向にある。以下のケースで検証してみよう。

　毎月100株ずつ購入するケースと毎月10,000円ずつ購入したケースの比較サンプルだ。

図2：ドル・コスト平均法

時期	株価	購入株数(毎月)		投資金額	
		1万円分	100株	1万円分	100株
1月	80円	125株	100株	10,000円	8,000円
2月	115円	86株	100株	9,890円	11,500円
3月	95円	105株	100株	9,975円	9,500円
4月	125円	80株	100株	10,000円	12,500円
5月	85円	117株	100株	9,945円	8,500円
	合計	**513株**	500株	**49,810円**	50,000円

図2のデータのもとで5ケ月間の結果は、毎月100株ずつ購入した株数は、計500株、総額は50,000円で平均購入株価は100円。ドル・コスト平均法で購入した株数は、513株、総額は49,810円で平均購入株価は97円となる。

　もちろん底値と天井が分かっていれば、底で買って天井で売れば最も多くの利益を出すことができるが、庶民は知る由もない。そのため値上がりしても値下がりしても平均的な実績が出せるドル・コスト平均法は優れている。

パッシブ運用

　パッシブ運用とは、株価指数（ベンチマーク）に連動するような運用パフォーマンスを目指す運用手法をいう。たとえば、日本株で運用する投資信託の場合、日本株で代表的な日経平均株価（日経225）や、東証1部全銘柄を網羅したTOPIXなどのインデックスをベンチマークとして、それに連動した値動きにするよう運用する。

　パッシブ運用と同じような意味で「インデックス運用」という時もある。アクティブに対してのパッシブだが、パッシブとインデックスとは微妙な違いはあるが、学者でも同一視している人もいるので、ここでは同義語として進める。

　主要な海外インデックスでは、米国ではニューヨークダウ30種工業株、S&P500、小型株のラッセル2000等。世界全体ではMSCI All Country World、先進国ではMSCI World,アジアではMSCI All Country Asia ex Japan,新興国ではMCSI

Emerging Markets 等がある。

　パッシブ運用の特色は、市場の動きと連動するため、後述するアクティブ運用と比較して、個別銘柄へのリサーチが必要でないし、ファンドの入れ替えも原則として行わないので、運用者への信託報酬など運用コストが安い。

　厚生労働省の資料によると、GPIF（年金基金運用基金）では、「基本的にはポートフォリオのリスクとリターンを市場全体のリスクとリターンと合わせるとの考え」からパッシブ運用（インデックス運用）を行っている。

　また、GPIF の資料によれば、17年末までの同基金運用部分のパッシブ運用の比率は76.28％、アクティブ23.72％とパッシブ主体となっている。

　インデックス運用の中で最も典型的な物がETFだ。ETFとは、Exchange Trade Funds のことで、「上場投資信託」と呼ばれる。1990年にカナダのトロント証券取引所に上場した「TIPS35」が世界初のETFと言われる。

　2017年末で世界のETFは7,178本上場しており。その運用資産残高は約4兆8353億ドル。世界の中で、アメリカの取引所には、資産残高の71％、3兆4232億ドル、2116本のETFが上場されている。

図3：日本のETF

ETF純資産額 （投信協会：兆円）

特定の指数、たとえば日経平均株価や東証株価指数（TOPIX）等の動きに連動する運用成果をめざし、東京証券取引所などの金融商品取引所に上場している投資信託について見てみよう。連動する指数は、株式以外に債券、REIT、通貨、コモディティ（商品）の指数もある。ETFは現在、東証には230本ほどが上場されている。

ETFは「長期、分散、積立、低コスト」の資産形成のために、最適と言ってよい金融商品だ。
そのメリットは、
①　費用が安い
「上場TOPIX」なら時価が1800円とすれば売買単位が100口なので、18万円程でよい。この「上場TOPIX」を持つことで、

TOPIXを構成している1部上場銘柄約2100を保有している事になり、分散投資となる。

　ETFは売買コストだけでなく、保有コストでも優れている。保有期間に掛かるコストを「信託報酬」というが、普通の投資信託が年1％前後かかるのに、ETFは指数に連動しており人件費を含め余りコストを掛けていないので、年0.5～0.3％程度である。最近は0.1％を割る商品も出ている。

　②　売買が容易

　一般の投資信託は1日1回その日の終値で基準価格が算出され、その基準価格で売買価格となる。これでは本日、取引をしたくても成立は明日になる。一方、ETFは普通の株式と同じで、市場の取引時間中であれば時価取引ができる。また、随時株価をスマホ等で閲覧できるし、注文もできる。「指値注文」も株式と同じように可能だ。

　デメリットとしては、

　①　売れ筋銘柄に偏りがある

　東証には230本ほどあるETFだが、売れ筋銘柄は日経225とTOPIXに集中している。大口購入者が日銀なので、国内主要銘柄に集中するのは止むを得ないが、東証ETFのトップ10銘柄で日経225とTOPIX関連が全体の85％を占めており、小規模銘柄は早期償還の可能性があることに注意を要する。

　②　分配金の自動再投資ができない

　海外ETFは上記ETFの仕組みと同様で、日本より歴史は古く銘柄数も多く、また資産規模も大きい。

　世界のETFは2017年12月末で7,178本、その運用資産残高

は約4兆8,353USドル。

世界のETFの内アメリカは2,116本、金額で約70.8％、3兆4,232億USドルとなっている。地域・国別比率では、アメリカに続きヨーロッパが、16.6％、日本が5.7％、日本を除くアジア3.5％、カナダ2.4％となっている。

同資料によれば、世界の資産残高の伸び率は著しく、2016年で18.5％の増加、2017年で36.3％の増加となっている。この趨勢は、指数に連動しているパッシブであること、そして低コストであることからも、「顧客本位」と言ってよい。

19.12.23日経新聞よれば、ETFの運用資産は世界で6兆ドル強（約650兆円）と5年で2倍強に増えた。ETFは金融商品で、「20世紀最大の発明」とも言われて、今や投資の主役になってきた。

アクティブ運用

パッシブ運用が市場指数に連動して運用成果を上げようとしているのに対し、アクティブ運用は、指数以上の運用成果を出そうとする手法だ。ファンドマネージャーと運用チームが、市場調査をしたり、銘柄の分析・調査をしたりして銘柄を決めるし、入れ替えもする。

こうして手間をかける分、信託報酬等運用コストがインデックに比較して高めになる。

アクティブ運用の利点は、市場の非効率性や個別証券の特性によって選別・入れ替えをすることによって指数以上の収益が期待できることだ。

その運用スタイルとして、「トップダウンアプローチ」と「ボトムアップアプローチ」がある。トップダウンアプローチとは、経済、金利、為替などマクロ経済的な投資環境の分析・予測に基づき資産配分やセクター配分、業種配分を予め決定し、その配分に基づいて投資する個別証券を決定する手法である。ボトムアップアプローチは、個別証券やセクター間の割安・割高の分析に基づいてポートフォリオを構築する手法である。

アクティブ型 ETF はあるのか？

アクティブ ETF は日本の証券取引所では原則として認められていないが、米国証券取引所には 2008 年から上場するようになっている。アクティブ運用であるので、積極的にリスクを取りに行く形態をとっている。

アクティブ運用からパッシブ運用へ

インデックス運用分野で有名な人と言えば、バートン・マルキール、ジョン・ボーグル（バンガードの創立者）、チャールズ・エリスが有名だ。

チャールズ・エリスの「インデックス投資入門」にアクティブとパッシブの流れが記載されている。

2015 年、インデックス投資信託へ 1,700 億ドル、ETF へ 2,100 億ドル、合計 3,800 億ドルの資金が流入した。その出元の多くはアクティブ・ファンドから流出したもので、この年だけで 2,250 億ドルもアクティブ・ファンドは減った。同書の中に

バートン・マルキールの推薦寄稿文があるが、そこでマルキールは「2015年の大型株アクティブ・マネージャーの2/3はS&P500大型株インデックスに負けている。小型株でも同様。3/4のアクティブ・マネージャーの成績は対応するインデックスを下回っている。長期で見るとさらに悪い。2015年までの10年間を見ると、大型株アクティブ・マネージャーの8割以上、小型株アクティブ・マネージャーの9割以上が対応ベンチマークに負けている」と、アクティブは1〜2割しかインデックスに勝てないと報告している。

バリュー投資とグロース投資

バリュー投資とは、「割安株投資」といわれ、投資信託などの運用手法の一つで、現在の株価がその企業の利益水準や資産価値などから判断して割安にあると考えられる銘柄を買い続けることをいう。多くの場合、株式の個別銘柄の代表的な投資尺度であるPER（株価収益率）やPBR（株価純資産倍率）などを用いて判断し、これら数値の低い銘柄を買い続ける手法である。投資信託の中でこのような手法で銘柄を選定しているタイプをバリューファンドという。

バリュー投資で重要なのが、企業の価値と株価との比較だ。

企業価値は、フロー（損益計算書）とストック（貸借対照表）とで測ることができる。フロー面における1株当たりの企業価値の割安度を測る指標がPERで、これは株価が予想1株当たり当期純利益の何倍かを表示しているもので、一般的にこの数値が低いほど株価は割安とされる。

ストック面における1株当たりの企業価値の割安度を測るための指標がPBRで、これは株価が1株当たり当期純資産の何倍かを表したもので、これが1倍を割り込んで低くなるほど株価は割安とされる。

　それに対して、グロース投資は「成長株投資」と言われ、成長性に着目して銘柄を選択するスタンスをいう。
　企業の成長性が市場平均よりも高いと期待される銘柄に投資する手法。PERやPBRの数値は多少高くても、今後の成長性を評価して投資するというスタンスのこと。このような手法で銘柄を選定しているタイプをグロース・ファンドという。

　では、バリューとグロースどちらを選んだら良いか。
　各銘柄のPER、PBRを重視するバリュー派の人なら、東京証券取引所銘柄の中でPER300という超割高の銘柄は敬遠するだろう。2019年11月現在PERランキングトップ50位で319を指している。PER100を割る順位は153位になる。PER50を割る順位は369位だ。バリュー派から見ると、これらは排除となるかも知れないが、何故純利益が見込めないのに、それほど株価が高いのかという理由がある。
　それは「業績」。たとえ現在赤字でもその赤字が年々縮小し、近日中に黒字転換を見込める銘柄や、現在赤字でも世界に通用するような技術力をもっており、今後販路が拡大し黒字転換が見込める企業、などを見捨てて良いのだろうか。
　低PERだからと、買ってみたものの数年経過しても一向に株価が上昇して来ないという経験は多くの人が経験済のはずだ。

結論としては、どちらの派も企業業績次第であり、将来の成長の核が、しっかり根付いているかに掛かっている。過去5年、将来3年の見通しを調べることがより重要となってくる。

4-2　日本の株式市場

　日本の株式市場は、33業種。東京証券取引所に上場している会社は、2019年11月時点で、1部2,155社、2部486社、マザーズ300社、JASDAQ（スタンダード）675社、JASDAQ（グロース）37社。

　年間70〜100社が新規上場しているが、その多くはマザーズやJASDAQ市場だ。反対に合併したり、株式売却したり、上場基準に適さなかったりした企業の上場廃止が、40〜50社程ある。

　これら上場企業の概要や業績をまとめたのが、「会社四季報」。季刊で、東洋経済社と日本経済新聞社から発行されている。

　まとめのページには、業種別の業績展望が載っている。

　東洋経済社の会社四季報による業種別の20年12月期のPER（株価収益率＝株価÷一株当たり利益）は、全産業で23.6となっており、高い業種3は、医薬品69.0、情報・通信45.5、証券業30.5なっている。反対に低い業種3は、石油・石炭製品10.1、輸送用機器10.3、ゴム製品11.7となっている。

　さらに同資料によれば、全業種決算見通しとして、純利益の前期比増減率で18年度＋23.9％、19年度▲0.5％、20年度＋7.8％となっており、業績の概要を掴むことができる。

東証一部上場のブランドに注意

　東京証券取引所に上場する会社数は、2020年2月現在で3,699社。東証1部は約2161社で最大数だが、1部への格上げ基準が緩すぎて会社数が多すぎるとの批判があり、2022年頃には入れ替えが行われる見通しだ。

　現在の上場基準は主として二つ。一つは、未上場会社が直接上場する場合、250億円以上の時価総額が推定される事。二つ目は、新興市場の東証2部とマザーズからの鞍替えを優遇する措置として、時価総額40億円以上の条件を満たせばよいとしている。

　かつては東証1部に直接上場する基準は、時価総額500億円以上だった。しかし、2008年のリーマンショックで新規上場が急減した後、12年に半分の250億円に引き下げられた。

　ところが、昨今はこの上場緩和により弊害が目立ってきた。たとえば10億円の時価総額でマザーズに上場し、40億円規模の企業に成長すれば東証1部に移ることができる。こうした鞍替えは09年にはわずか4社だったが、最近は年70社以上で推移し、1部上場が増えた一因になっている。こうした結果、時価総額20兆円を超す大企業と、40億円程度の企業が混在する結果となった。企業数は、07年の1700社から400社ほど増えたが、1日の売買代金は約2.5～3兆円前後で、変わっていない。こうしたことから、東証1部のブランドを維持するためにも入れ替えをして現在4市場を3市場に再編する動きが予定されている。東証1部の中から、特に時価総額が大きな企業を抽出し

た「プレミアム市場」の案も出ている。他の市場は、成長の見込める企業（グロース）と、業績が安定した老舗企業（スタンダード）に集約することになりそうだ。

「プレミアム市場」に匹敵する米ナスダックの「グローバル・セレクト」の1400社強、ロンドンの「プレミアム」の500社と比較すると、東証1部の多さが際立つ。

そこで抽出のための基準となる時価増額は、1500億円、1000億円、500億円、250億円のうち250億円を基準とすると1400社程が残ると見られ、500億円とすると1000社程が残存すると見られる。

昨今の報道によると、東証・金融庁は現状維持論も出ていると言うが、筆者はプレミアムと言うには、誰もが一流と認める企業とそうでない企業の選別はすべきと考える。それが世界にブランド信用を与える最善の方法だ。

しかし、降格される会社にとっては、信用状況や、採用にも大きな影響がでることから、相応の手当を必要とする。

図4：東証 上場会社数（'19/4月現在）

日経平均株価

日経平均株価は225銘柄で構成される。始まったのは1949年5月で、採用銘柄の単純平均株価は176円21銭からスタートした。算出方法は単純平均だったが、今は株式分割・株式併合や採用銘柄の入れ替えなどによる影響を修正し、指数の連続性を保てるように計算されている。毎年10月第1営業日に定期的入れ替えを行っているので、前年との不連続性の問題が問われることがある。

問題点としては、値がさ株の影響を強く受ける事が指摘される。特にファーストリテイリングの値動きで日経平均株価指数が大きく振れる傾向がある。

東京証券取引所と大阪証券取引所が2013年1月に経営統合して、日本取引所グループ（JPX）が発足した。そうした関係もあり、旧大阪証券取引所での取引が中心であった大型株で任天堂、村田製作所、日本電産などが日経平均225銘柄には含まれていない。2019年にはパイオニアが上場廃止になったので、臨時入れ替えがあり、京都に本社のあるオムロンが採用された。今後はこうした銘柄の採用が検討されるだろう。

TOPIX

Tokyo Stock Price Index の略称で、東証株価指数のこと。東京証券取引所が毎営業日に1秒間隔で算出・発表している株価指数で、東証一部に上場しているすべての国内企業の株式を算出対象としている。

算出方法は、東証一部の全銘柄の時価総額を基準時価総額で割って計算する。1968年1月4日の時価総額＝100ポイントと

して、現時点の時価総額がどのくらい増減したかを表す時価総額加重方式で算出している。1968年1月4日の東証時価総額8兆6020億5695万1154円＝100とおく。日経平均株価と同様、株式分割など売買によらない原因で株価が変化した時などには修正を加えている。

　計算式：
算出時点の構成銘柄の時価総額÷基準時価総額×100

　トピックスの特長としては、対象銘柄が約2100社と多いこと。そのため、時価総額20数兆円のトヨタと、時価総額40億円程の企業が混在しており、株価が大きな企業の影響を受けやすく、市場のトレンドをわかりやすく示すとされている。

　この混在している現状について、東証としては新基準を作り、選別して東証一部のプレミアム化を図ろうとの考えを持っている。

JPX日経インデックス400

日本取引所グループとその傘下の東京証券取引所、及び日経新聞が共同で開発し、2014年1月6日から公表を始めた株価指数。

東証に上場している全企業の中から、投資家にとって魅力の高い400銘柄を選び、財務や経営に優れた株式市場の指数として発表する。指数は2013年8月30日を起点として、この日を10,000ポイントとした。以後取引時間中は1秒ごとに算出する。

選出の基準としては東証に上場する全銘柄の中から、

・3年以上上場していること

・過去3年間で連続赤字や債務超過の状態でないこと

・直近の決算短信または内部統制報告書が開示されていること

・直近の財務諸表に「継続企業の前提」に関する注記がされていること

・直近の内部統制報告書に開示すべき重要な不備がないこと

・内部統制の評価結果を表明できていること

等の企業の中から、売買代金と時価総額を踏まえてまず上位1000銘柄を選定。

(「継続企業の前提」とは、企業が将来にわたって存続するという前提のこと。ゴーイングコンサーンとも呼ばれる)

さらにその中から、

・企業の資本効率を示す過去3年間の自己資本利益率(ROE)

・過去3年間の営業利益

・時価総額

の三つの指標を基として定量的な指標を評点として、400銘柄に絞り込む。

組み入れ銘柄は毎年6月の最終営業日の時価総額等をもとに

見直され、組入れ銘柄の内評点が440位以内の銘柄が継続され、400銘柄に不足の場合は、継続組入れ以外の銘柄の内評点の上位から順に400銘柄になるまで採用される。この場合、ROEの3年平均値または、直近値の何れかが上記の組み入れ候補1000銘柄の中央値を上回っている銘柄を優先する。追加・除外リストは8月第5営業日の大引け後に公表され、8月31日（31日が土日の場合は8月の最終営業日）に前営業日の終値で入れ替えを行う。

株式の指標

　個別の株式を検討する際、定性的な成長性や話題性のみを考えるだけでは物足りない。そこで株式の代表的な指標をリストアップする。中級者以下の人は使いこなせているものは少ない指標であるが、今は買い時なのか？これから値上がりは期待できるのか？といったことを過去の傾向に照らして判断できるため、指標は甘くみてはいけない。代表的なものだけになるが、ここで簡単に紹介しておこう。

配当利回り
・・・
　会社は出資金を基に事業を行い、それで利益を得てその一部を配当金として株主に還元する。

　配当利回り（%）＝1株当たりの配当／株価×100

　19年12月末の日経平均の平均配当利回り予想は2.02%、JPX400は1.69%、東証1部全銘柄は1.86%となっている。（19.12.27　日経新聞マーケットデータ）

日経平均株価とNYダウ工業株の比較をすると、NYダウ工業株の方が高めだ。19年6月26日現在の指数ベースの配当利回りは、NYダウが2.37％（ブルームバーグ資料）、日経平均は2.12％（日経平均プロフィル資料）となっている。

配当性向

会社が挙げた純利益の内、配当金として株主に配当する割合を配当性向という。

配当性向（％）＝配当金総額／当期純利益×100

＝1株当たり配当金／1株当たり純利益×

100

国内上場企業の配当性向の平均は30〜40％。比率が上がると、株主還元に積極的だと市場から評価されることが多いことから、経営者としては比率を上げる傾向にある。

一方、ウォーレン・バフェット氏のバークシャー・ハザウェイ社のようにこれまで配当を全く出さず、その分株価を上げる事によって還元しようという会社もある。

1965年から2018年までの同社の株価は、年平均上昇率は20.5％を示している。総合的な評価が必要で、配当性向が高ければ良いというものでもない。

株価収益率（PER：Price Earnings Ratio）

株価が割安か、割高かを判断するための指標。株価が1株当たりの当期利益の何倍になっているかを見る指標である。

PER（株価収益率）（倍）＝株価／1株当たり当期純利益（EPS）

一般に PER が高いと利益に比べて株価が割高、低ければ割安である。

たとえば A 社の株価が 1,000 円、予想 1 株当たりの当期純利益 100 円の場合は、

1,000 円／ 100 円 = 10 倍

A 社の株式を 1,000 円で購入し、1 株利益 100 円を 10 年間継続すれば、100 円 × 10 年 = 1,000 円となり、株主は 10 年で投資資金を回収することになる。

PER が何倍なら高いか低いかは他社との比較において、相対的比較として見る事。

19 年 12 月 24 日現在、ニューヨークダウ工業株の PER が 21.21 倍、日経平均のそれは 16.22 倍となっており、日経平均の方が割安である。

株価純資産倍率
（PBR：Price Book-Value Ratio）

株価が割安か割高かを見るための指標。株価が直近決算期末の「1 株当たりの純資産」の何倍になっているかを示す。

PBR（株価純資産倍率）（倍）= 株価／ 1 株当たり純資産（BPS）

現在の株価が、企業の資産価値（つまり解散価値）に対して、割高か割安かを判断するものとして、PBR ＝ 1 倍とは株価が解散した時の価値と同等と判断される。PER と同じように、1.0 倍より上とか下とかでは、一概に判断できない。同業他社や同セクターの企業などと比較して判断する必要がある。

19 年 12 月 24 日現在の PBR は、日経平均は 1.17 倍、JPX 日経 400 は 1.43 倍、東証 1 部全銘柄は 1.26 倍となっている。

自己資本利益率　（ROE：Return on Equity）

企業の自己資本（株主資本）に対する当期純利益の割合。

ROE（自己資本利益率）＝当期純利益÷自己資本、または
ROE＝EPS（一株当たり利益）÷BPS（一株当たり純資産）

自己資本に対する「経営の効率性」を示す。ROEが高ければ、その会社の収益性や成長性も有望であるし、株主への利益還元も期待できる。

日本企業のROEは近年関心が高くなってきたものの、日本のそれは6〜7％に上昇して英・独には近づいてきてはいるが、未だ米国の12〜13％には追い付いていないのが現実だ。

しかし、ROEは利益を上げるだけではなく、自己資本を減らすことでも比率は向上する。そこで最近は、日本の株式は利益を内部留保に向けていると外国人投資家などから批判を受け、自社株買いと償却に関心が高まってきている。

背景には、15年に東証が上場企業に適用した企業統治指針（コーポレートガバナンスコード）で資本効率の向上を求めたことがある。近年の株主総会では、経営者に資本コストへの意識を問う株主提案も目立ち、資本の効率化を巡る株主の監視の目は厳しくなっている。

EV／EBITDA　比率

EVはEnterprise Valueの略で「企業価値」のこと。企業を買収する際に必要な実質的な資金の額で、買収に要する時価総額と買収後に返済する必要がある金額の合計。

企業価値（EV）＝株式時価総額＋有利子負債－現預金

EBITDAとは、Earnings before interest, Taxes,

Depreciation and Amortization の略で、税引前利益に支払利息、減価償却費を加えて算出する利益のこと。簡便には営業利益＋減価償却費で計算する。

EV（企業価値）が、EBITDAの何倍になっているかを表す指標。企業の買収に必要な時価総額と、買収後の純負債の返済に必要な金額を、EBITDAの何年分で賄えるかを表す。簡易買収倍率とも呼ばれている。

国民総生産（GDP）

株式の基礎を構築している経済を評価するものとして、各種経済指標がある。その最も重要な指標は、国民総生産GDPだ。3ケ月毎に公表されている。日本のGDPを構成している項目としては、民間消費が約60％、民間設備投資が15％、政府支出が20％、他に純輸出（輸出―輸入）があるが、2011年頃から純輸出はマイナスとなっている。ここで重要な事は、日本では民間でもっとお金を使って経済を活性化しなければならないという事。

総務省家計調査によれば、2018年二人世帯の貯蓄の保有率では、60歳～69歳が30％、70歳以上が36％で、49歳以下は合算しても15％しかない。

49歳以下の成年層には、金融資産を積み上げる余裕がない。結婚して、住居、子供、お受験とローンによって消費はするが、金融資産がたまる暇がないのが実情だ。

そこで、高齢者層に消費の拡大を期待する。60歳以上となると、一応子育ても終わり、夫婦二人世帯となる年齢で、会社

員は退職金と蓄積預金をベースに年金を基盤として、セカンド・ライフに以後長い時間を謳歌できる。カルチャー、スポーツ、国内外旅行、趣味、体験型レクチャーなどの充実生活など。健康年齢も伸びつつあるので、それまでの間、体を動かし、消費を上げて欲しいものだ。

　一方、リスク性投資行動と年齢とは逆比例する。

　リカバリーの時間がたっぷりある20代、30代の人には、リスク性の高い金融商品もお勧めできるが、60代以上の人にはギャンブル的な金融商品のお勧めはできなくなる。

　投資は時間の経過で、年数%のリターンで蓄積している基礎資金が、ある時大きく下げたとすると回復のチャンスが残り少なくなっているという現実がある。

■ キャピタル・ゲインとインカム・ゲイン

　投資をすると得することもあれば、損失することもある。

　株の損益を考える場合は、手数料を加えた購入価格（原価）から現在株価（または売却価格）を指し引く収益（または損失）に加え、配当金や株主優待評価額も加算して計算する。

　投資信託であれば分配金を、預金や債券であれば利金なども含める。

　株主還元策として、会社が自社株を購入し償却させて株数を減らすことにより一株単価の価値を向上させる方法もある。自社株買いは一株当たりの市場価格を上昇させ、一株当たり配当を増やす効用があるが、総株式数は減るので時価総額には変化がないと見て良い。こうした見なし収益を含めたものを利回り

と呼び、株式では配当利回りと呼ぶ。

　リターンには2種類あり、株式や投資信託ではコストも含めた売却価格から原価を差し引いた売却益を、「キャピタル・ゲイン」、利子や配当金などを「インカム・ゲイン」と呼ぶ。

　収益に対しては両者とも現状の源泉分離課税の場合、所得税＋復興特別所得税15.315％、住民税5％の計20.315％の税がかかるが、NISAやiDeCoを利用すれば免税されることは前述の通りだ。

　銘柄選びをするときは、売買によって得られる利益であるキャピタル・ゲインを狙うのか、持ち続けることによって得られる利益であるインカム・ゲインを狙うのか、両方を狙うのかを決める必要がある。本書の目的とする所は、生涯の生活の安心であるので、投機的な短期売買を目的にしたキャピタル・ゲインではない。長期保有を志していくと、それは当然インカム・ゲインとなる。

シャープレシオ

　リスクと標準偏差は同義語であり、リターンを測るものとして、シャープレシオがある。

　シャープレシオは数値が高いほど効率よく収益が得られたことを意味する。一般的に1を超えている銘柄が良いとされている。

　投資信託の運用実績を評価するときに利用され、計算方法は次の通りだ。

$$シャープレシオ = \frac{収益率 - 無リスク資産の収益率}{標準偏差}$$

収益率や標準偏差はどう求めればいいの？と質問が来そうだが、皆様はこの計算式を使ってシャープレシオを割り出す必要はない。証券会社や投資会社のサイトを見れば、シャープレシオが掲載されている。二つの銘柄のうちどちらか一つを選びたい時などは、シャープレシオを見比べて高い方を選択するといった使い方がいいだろう。

たとえばケースAはリターン（収益）5%、リスク（標準偏差）10%、ケースBはリターン10%、リスク25%の場合、どちらが効率的だろうか。

シャープレシオはケースAが0.5、ケースBが0.4となり、数字が高いAを選択するとよい。リターンだけにとらわれてはならない。

ファンダメンタルズ分析

今まで説明してきた分析手法はすべてファンダメンタルズ分析に分類される。企業の本質を理解しようとするため、最も基本的な分析手法だ。テクニカル分析の紹介に入る前に簡単に整理しておこう。

ファンダメンタルズ分析は財務状況や業績を基にして、企業の本質的な価値を分析する方法。株の購入時に銘柄選択の方法として、企業の価値に対して株価が割安か、今後の成長が見込めるかなどの分析を行う。

「企業価値に対して株価が割安な企業や、事業の成長が見込まれる企業は、将来的に株価が企業価値に見合う価格まで上昇する」というのが、ファンダメンタルズ投資の基本だ。

　企業価値分析としては代表的な物として、収益性、安定性、資金繰り、成長性などがある。

　成長性として他に、商品が高シェアーかオンリーワンか。高い価格維持力を保持しているか。高い売上高経常利益率を維持しているか等も重要チェックポイントだ。

　これらは単一期だけ調査しても効果が薄い。成長性では５年、少なくも３年以上継続して上昇傾向が出ているか否か。悪化の兆候が出た場合には、単一年度か継続して下降か。継続して現象が改善されない時は購入見送り、または売却のシグナルだ。

収益性

ROA　総資産利益率	＝当期純利益／総資産
ROE　自己資本利益率	＝当期純利益／自己資本
売上高利益率	＝売上総利益／売上高
総資産回転率	＝売上高／総資産
財務レバレッジ	＝総資本／自己資本
損益分岐点	＝固定費／（1－変動比率）

安定性

流動比率	＝流動資産／流動負債
当座比率	＝当座資産／流動負債
現預金月商比率	＝（現預金＋短期有価証券）／売上高÷月数
自己資本比率	＝自己資本／総資本
固定長期適合率	＝固定資産／（固定負債＋自己資本）
固定比率	＝固定資産／自己資本
有利子負債月商比率	＝（長短借入金＋社債）／売上高÷月数

資金繰り

売上債権回転期間	＝（売上高＋受取手形）／売上高÷365
在庫回転期間	＝棚卸資産／売上原価÷12
インタレスト・カバレッジ	＝営業利益／支払利息

成長性

売上高成長率	＝（当期売上高－前期売上高）／前期売上高×100
売上総利益成長率	＝（当期売上総利益－前期売上総利益）／前期売上総利益×100
営業利益成長率	＝（当期営業利益－前期営業利益）／前期営業利益×100
経常利益成長率	＝（当期経常利益－前期経常利益）／前期経常利益×100
当期純利益成長率	＝（当期純利益－前期純利益）／前期純利益×100

4-3　テクニカル分析とは？

　一方テクニカル分析とは、相場の分析において過去の株価や通貨の値動きの推移から将来の値動きを予想する手法を指す。値動きの推移をグラフ化したチャートを用いて、投資家の心理状態を分析し、今後の値動きを予測する。

　代表的なテクニカル分析としては、「ローソク足」、「移動平均線」、「ボリンジャーバンド」、「RSI」、「MACD」、「ストキャスティクス」、「一目均衡表」、「RCI」、「パラボリック」などがある。

　これ等の内、最も有名なものはローソク足だ。
　ローソク足は、一目均衡表と共に日本で開発された純国産チャートである。
　ローソク足は、1日の始値、高値、安値、終値を縦に立てた形からローソクに似ているので、「ローソク足」と呼ばれている。これを1日（日足）、1週間（週足）、1ケ月（月足）、1年間（年足）と取っていく。そのローソク足の表示は次のようになる。

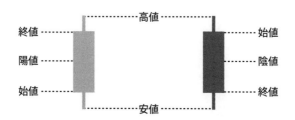

始値より終値が高ければ「陽線」、終値が低ければ「陰線」
と呼ばれる。

さらにこれに移動平均線5日線、25日線、75日線、200日線
などを加味してマーケットの状況を把握する。

チャート分析

図5：移動平均線

ローソク足の図表に二本の線が表示されている。

この線は25日移動平均線と75日移動平均線を示している。
このチャートでは、19年9月中頃に、二つの線がクロスし、
現状では25日が75日を大きく引き離していることが分かる。
この表は過去1年を表示しているが、当日、1週間、1ヶ月、2
年、5年、10年も見る事ができる。長期保有を志望するものと
しては、過去10年は欠かせない。

移動平均には、この他に、13週（3ヶ月）、26週（6ヶ月）、

52週（1年）の線も選択できる。

　「ゴールデン・クロス」が現れると買い時サインと言われるが、短期の移動平均線が、長期の移動平均線を下から上に突き抜ける現象の事をいう。ゴールデン・クロスが現出すると、株価が上昇に転じるサインだと言われる。反対に、上から下に抜ける現象を「デッド・クロス」といい、株価が下落に転じるサインである。

　表示される移動平均線を比較的短期に設定すると頻繁にクロスが現出するので、長期保有志望者は13週と26週の比較が宜しいだろう。

図6：ボリンジャーバンド

　次に「ボリンジャーバンド」を見てみよう。
　標準偏差と正規分布の概念が用いられるボリンジャーバンドは、平均からどのくらいの値動きにバラツキがあるかを標準偏差で算出し、値動きの収まりやすいレンジが一目でわかり易いように表示される。

正規分布によれば、±１σに収まる確率は約68.2％、±２σに収まる確率は約95.4％で、表に±１σ、±２σの曲線が表示される。主な活用法としては、＋２σを超えたら上昇しすぎなので売り、-2σを越えたら下落し過ぎなので買いといった見方もできる。

　次は「一目均衡表」。この一目均衡表は、都新聞の商況部長をしていた細田悟一氏が、1936年一目山人というペンネームで発表したテクニカル指標だ。
　現在でも世界中で、「Ichimoku」の名で利用されている、「ローソク足チャート」と並ぶ純国産チャートだ。

図7：一目均衡表

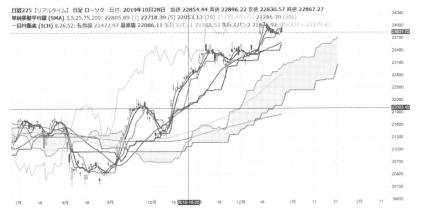

　一目均衡表チャートは、ローソク足と五つの線で形成される。
　一目均衡表は、相場の「売り手」と「買い手」の「均衡（パワーバランス）」が崩れた方向へ動き、方向性が確立した後、相場の行方というものは「一目瞭然」であるという考え方に基づいている。つまり、一度動き出して方向性が確認できればそ

の流れは続くという訳だ。相場のパワーバランスを眺めながら、いつ相場が変化するのか、いつ目標値が達成されるのかなど、「いつ」といった時間軸を重視して相場の動向を予測している。

　基準線：過去26日間の最高値と最安値の中心値を結んだ線で、中期的な相場の方向性を示す。

　転換線：過去9日間の最高値と最安値の中心値を結んだ線で、短期的な相場の方向性を示す。

　先行スパン1：基準線と転換線の中心を、26日先に先行させて記入する。基準線は過去26日間の中心、転換線は過去9日間の中心だが、先行スパン1はそれぞれの中心となる。

　先行スパン2：過去52日間の最高値と最安値の中心を、26日先に先行させて記入する。先行スパン1と先行スパン2Ⅱ囲まれた部分を「雲」と呼ぶ。

　遅行スパン：当日の終値を26日前に記入。前日比は当日の価格と前日の価格を比較したものだが、遅行線は当日の価格と26日前の価格を比較している。

　そして、次の時は買いシグナルとなり「好転した」という。

1. 転換線が基準線を上抜けた時

2. 遅行スパンがローソク足を上抜けた時

3. ローソク足が雲を上抜けた時

　前述1.2.3と逆の向きに動いた場合は売りシグナルとなり、「逆転した」と言う。

4-4 世界の株式

　世界の株価はこの瞬間にも動いている。

　ニュージーランド➡オーストラリア➡日本・韓国➡中国・香港➡アジア➡欧州➡米国へと進んでいく。

　主要市場のマーケット開場時間（現地時間）は、オーストラリアが10：00－16：00、東京が9：00－15：00、中国上海が9：30－15：00、香港が10：00－16：00、インド・ムンバイは9：00－15：30　欧州大陸は9：00－17：30　英国・ロンドンは8：00－16：30、米国・ニューヨークは9：30－16：00、ブラジルが10：00－17：00だ。

　こうした市場では、情報は瞬時にして世界に広がり、共有して次々と伝播してゆく。

　（ただし、夏時間採用市場は、夏季1時間繰り上がる。ニューヨークの夏時間は、3月第2日曜～11月第1日曜。夏時間は8ケ月間あり、標準時より長い）

　日経平均株価とニューヨークダウは関連性が高いことで有名で、2016年初めから2019年9月までの両者の相関係数は0.918である。

　ほぼ同じような動きをすると言えるレベルの相関関係だ。一方、日経平均と中国の上海市場との関連性は、0.027であり、ほとんど相関がない。

　ニューヨークダウと上海総合の相関関数は、－0.119、つまり反対の動きをする市場だったことがわかる。

図8：主要株式市場の相関関係

			相関係数
日経平均	：	ニューヨークダウ	**0.918**
日経平均	：	上海総合	**0.027**
ニューヨークダウ	：	上海総合	**-0.119**

（2016年1月〜2019年9月　エクセル　CORREL関数で算出）

　米国の夏時間の時、日本の朝5時にニューヨーク市場が閉まると、その日のニューヨーク市場が上げで終われば、日本市場も約9割の確率で上昇する見込みだと想定ことができる。ニューヨークが下げれば、約9割の確率で日本も下げる。

米国の株式市場

　資産形成の為には、当然米国株式は外せない。

　ニューヨーク証券取引所（NYSE）は時価総額で世界最大の取引所で、最も上場審査が厳しいことで知られ、アメリカおよび世界を代表する優良企業が上場している。たとえば、コカ・コーラ（KO）、ナイキ（NKE）、ウォルト・デイズニー（DIS）などだ。

　成長力に富んだ企業が多く集まる市場も存在する。それがナスダックだ。アップル（AAPL）、アマゾン（AMZN）、アルファベット（GOOG）、フェイスブック（FB）などAIを主体にした有名企業が名を連ねている。

　上場数は、

NYSE　　　　2,281 社

NASDAQ　　3,046社

となっている。（2019年1月現在）

世界の株式市場を株式時価総額で見てみよう。

これによると、ニューヨーク市場は2,482兆円で、東京市場の4.3倍。さらに、ニューヨーク市場とナスダック市場を合算すると、米国市場は3,663兆円となり、東京市場の6.3倍になる。

ナスダック市場には、米国国内の企業以外にも外国籍の株式も上場している。たとえば中国のアリババ・テンセント・中国工商銀行など、スイスのネスレ・ロッシュ・ノバルティス、日本のトヨタ、英国／オランダのユニリーバ、フランスのLVMHモエ・ヘネシー・ルイ・ヴィトンやロレアル、韓国のサムスン電子など19年10月現在のナスダック時価総額ランキング50位以内に17社もランクインしている。

図9：主要株式市場の時価総額

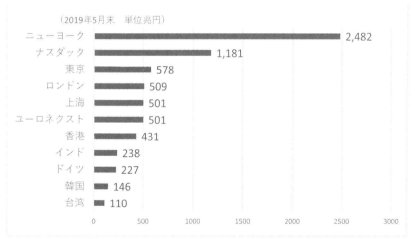

（2019年5月末　単位兆円）

市場	時価総額
ニューヨーク	2,482
ナスダック	1,181
東京	578
ロンドン	509
上海	501
ユーロネクスト	501
香港	431
インド	238
ドイツ	227
韓国	146
台湾	110

（資料：野村資本市場研究所　為替は19年5月末のレートを使用）

米国の株式指数

　米国の株式指数で有名なのが「ダウ工業株30種平均」。ニューヨークダウとかダウ平均と呼ばれる。ダウ・ジョーンズ社が算出するNYSE、またはナスダックに上場している30の代表銘柄の平均株価指数である。また、NYSEやナスダック等に上場している銘柄から、代表的な500銘柄の株価をもとに算出される「S&P500」も米国の株価動向を示す指数として広く認知されている。他に小型株の指標として「ラッセル2000」などがある。

米国株式取引

　米国株式を発注するには、二つの方法がある。一つ目は直接アメリカの証券会社に口座を開設する方法だ。この方法だとある程度の英語力を必要とするし、また税制等の違いから日本人の口座開設を認めていない証券会社もあり、注意を要する。
　二つ目は、日本国内の証券会社で米国株取引の口座を開設する方法だ。特定口座にも対応しているので、相対取引の証券会社、ネット系証券会社どちらも扱ってくれるが、どちらかと言えば、注文の容易さ、銘柄の品そろえ、コストなどでネット証券系の方が、良いだろう。

NYSE の取引

　NYSEには、フロアーに多くの人が行き交っている。人がほとんどいない東京証券取引所を見慣れている者には、この人達は何をしているのかと異様に思える。

　NYSEは二つの取引方法がある。一つ目は電子取引と立合場取引を組み合わせたハイブリッド取引であり、二つ目は完全な電子取引である。

　前者は、ほとんどの注文がコモン・カスタマー・ゲートウェイを経て注文を処理するマッチング・エンジンに直接送られ電子取引される。残りのごく一部の注文は、委託注文を執行する立会場のフロアーブローカーにシステムを通して直接、または会員ブースを通して送られる。

　フロアーブローカーの役割は、特定銘柄について公正かつ秩序ある市場維持のため、一定の割合で最良気配を提示する義務を負うと共に、市場の寄付き、引け及び受給不均衡時における適切な価格発見機能を提供する。

　筆者が2007年に初めてNYSEを見学した時の案内の女性の話では、大半の注文はコンピューターを通して処理されるが、大型の注文は価格安定のために人力によって処理されることがあるとの事だった。全てコンピューター処理にしてしまうと、停電やテロの際、取引の全てが停止してしまうので、あえて人的部分を残しているそうである。

（2018 年 10 月　筆者　二度目の NYSE 見学）

企業研究— GAFA

　グーグル、アップル、フェイスブック、アマゾン。これらの頭文字をとった「GAFA」と呼ぶ。

　今や私達の生活に否応なしに住み着いている。日本で、米国製の車を見る事は珍しいが、この4社の何らかのサービスや商品を使ったことのない人は少ないだろう。

　この4社の株式時価総額は約 300 兆円。日本の株式市場全体の約 630 兆円の約半分を GAFA4 社だけで占める。

1) グーグル

　検索と言えば、まずグーグル。1998 年誕生のグーグルの世界シェアは9割超。そこから巨大な広告収入を生み出す。検索以外に、スマホ向け基本ソフト「アンドロイド」や、Gmail, Google Map, Street View などは毎日使っている人も多いはず。

自動運転でも先進的技術を見せている。

2）アップル

2007年発売の「iPhone」。世界で年間1.5億台超が売れ、世界のアップルスマホ台数のシェアは10数％だが、世界スマホ市場における利益シェアーはアップルが8割近くを占める。

iPhoneの販売台数は足踏み状態になっているが、アプリでのサービス部門の売り上げが伸びている。アップルウォッチも順調。

3）フェイスブック

SNSの巨人。フェイスブックは実名登録を原則とするので、集まるデータの質が高いとされる。傘下にYouTube、Twitter,「インスタグラム」などを持っている。

4）アマゾン

世界最大のネット小売り業。その営業力は巨大で、米国の有名デパートもアマゾンの影響を受け、店舗縮小の動きも出ている。ドローン配送や自動音声のアレクサなど積極展開をしている。

図10：GAFA の株価

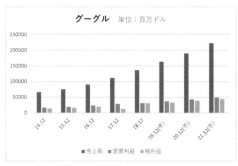

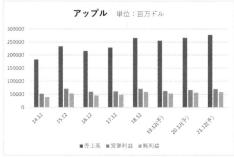

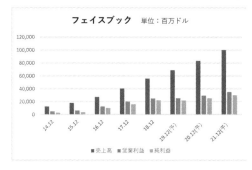

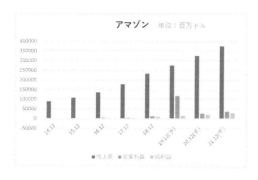

アマゾン　単位：百万ドル

週間東洋経済の「米国会社四季報」2019年春夏号により、2014年からの業績をまとめてみた。

マッキントッシュのPCやiPodで既に業容を構えているアップル以外の3社の年次ごとの売上伸び率は驚異的だ。

こうしたロケット伸長に対抗できるだけの企業は稀有だ。

日本の産業界のリーダーもこのAIの巨人に正面から対抗することはせず、別のフィールドで市場模索したり、周辺産業で業態を絞るなどするしかないようだ。つまり、「GAFAといかに戦うか、戦わないか」の選択を迫られるが、戦うというよりは、GAFAの隙間・間隙を狙うしかないように思える。

米国市場は上場廃止が新規上場を上回る

米国の主な株式市場としては、ニューヨーク証券取引所（NYSE）とナスダック（NASDAQ）がある。2018年12月末現在、時価総額ベースで約30兆4,363億ドル。国際取引所連盟加盟国における米国の時価総額による市場シェアはNYSEが

27.8％、NASDAQが13.1％、合計40.9％と、東京証券取引所の約7.1％と比べると圧倒的な大きさをもっている。

　上場銘柄数は2018年11月末時点でNYSEが2,288社、NASDAQは3,062社、計5,350社となっている。

　意外にも、米国の上場企業数は減少している。米国国内企業数で見てみると、1996年がピークで約8,100社。それが2015年には4,300社に減少している。期間中、5,834社が上場を廃止し、新規上場が3,298社で純減は2,536社である。上場廃止の企業の内、約6割が統合・合併によるものである。

　米国では株式市場上場は敬遠されつつある。敬遠される理由は、上場を支える投資ファンドは上場企業の経営に深く関与して、期間内に確実に収益を上げようとする。また企業側から見ると、2000年代初頭のITバブルの崩壊を受けて導入されたコンプライアンス強化だ。その一つが2002年に導入されたサーベンス・オックスレー（SOX）法である。この法は、ITバブル崩壊の発端となった企業不正を受けて、投資家保護と資本市場の信頼回復を目的として導入されたが、そこで求められる内部統制は、規模の小さな企業や投資ファンドには大きな負担となっている。また、コンプライアンスが強化されることでアナリストが2002年までの5年間で17％も減少した事も一因となっている。

　米国市場では米国国内企業のみでなく、ADR（米国預託証券）という形で、世界の主要銘柄が容易に取引できる事も特徴だ。ADRで上場する企業は、母国に上場しながら、ADRと言う形で米国市場にも上場している。これを利用すれば、新興国など日本と成長ステージが異なる企業は地域への投資が可能に

なってくる。

　監督規制官庁としては、金融政策を司るFRB（米連邦準備制度理事会）、監督・ディスクロージャーに厳格なSEC（証券取引委員会）、証券会社の自主規制機関のFINRA、訴訟制度など、投資家保護のインフラが整っていることも大きな特徴である。

歴史ある英国市場にも注目

　ロンドンで証券取引所のある地域を「シティー」という。シティーは経済の中核に位置する金融街の通称。そのシティーを擁する英国では、市場は1801年に設立されたロンドン証券取引所（LSE）が行っている。2019年2月末時点の株式時価総額は、約558兆円とヨーロッパ最大、世界でもニューヨーク、NASDAQ、東京（614兆円）に次いで世界第4位である。

　同時点での上場企業数は1158社。有名な企業としては金融のHSBC、エネルギーのBP、通信のボーダフォングループなどが上場している。

　（同資料による時価総額比較4位以下は、5位ユーロネクスト、6位上海、7位香港、8位ドイツ、9位インド）

　英国では17世紀から株式取引が行われており、1760年にロンドン市内のコーヒー店「ジョナサン Jonathan' Coffee House」などで結成された会員制取引クラブがロンドン証券取引所の前身とされている。

　1802年、定款を定めた法人格のない取引所としてスタート。

　1986年には金融大改革「ビッグバン」を断行して外資系証

券が取引所に加入しやすくなり、株式取引手数料の自由化に踏み切った。その後、世界的な取引所間競争が激しくなる中、2000年に株式会社化して2001年に自らロンドン証券取引所に上場した。2007年にはイタリア取引所を買収して傘下に収めた。日本との関係は深く、東京証券取引所と共同出資で東証にプロ投資家向けTOKYO　AIM取引所（現TOKYO PRO Market）を設立した。

新興国の株式市場

　新興国先進国以外の主要国の株式市場である。最近は余り聞かれなくなったが、「BRICS」と言われ、ブラジル、ロシア、インド、中国、南アフリカへの投資が盛んな時期があった。
　しかし、近年は中国以外の国はマイナス成長であったり、政権への不安があるなどして伸び悩んでいる。

　新興国全体の株式市場を示す指数として、「MSCIエマージング・マーケット・インデックス」がある。この指数はMSCI社（モルガン・スタンレー・キャピタル・インターナショナル）が算出しており、26ケ国の大型株と中型株を対象として1,100以上の銘柄で構成されている。（2019年5月現在）
　構成内訳で見ると、中国、韓国、台湾、インド、ブラジルの上位5ケ国で70%以上を占め、中でも中国の比率が33.00%と大きい。
　新興国への投資は、信用力リスク、政権へのカントリーリスク、為替リスク等リスクが大きいので、長期保有の立場から言えばお勧めできない。

現況で言えば、米中貿易摩擦や、ブラジルのアマゾン地域の政権不安、アルゼンチンの信用力不安などが解消されていない。

図11：MSCIエマージング国別時価総額構成比　（％）2019.10月末

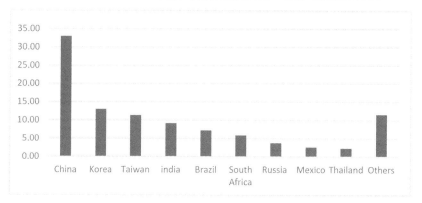

4 - 5　債券市場

　債券市場は、国債、政府保証債、地方債、社債などの債権を扱う市場をいう。債券市場は、金融市場の中の長期金融市場に属する市場である。

　長期金融市場は、取引期間が1年を超える市場の事をいう。取引期間が1年未満の市場は短期金融市場（マネー・マーケット）と言い、インターバンク市場とオープン市場が該当する。

　債権の種類には、
①発行元による分類
②利払い方式による分類

③通貨の違いによる分類

④信用リスクによる分類

⑤機能による分類

⑥募集形態による分類

⑦発行時による分類

などに分けられる。金融市場における本書で対象とするのは、表の中の長期・公社債市場となる。

図12：
わが国の金融市場

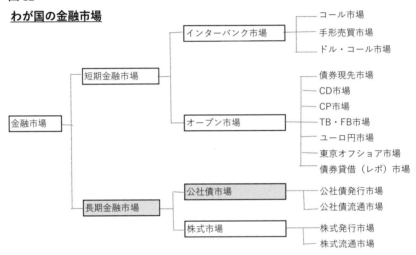

債券市場の代表的な物は、期間10年の長期国債利回りである。現在は、新発10年長期国債流通利回りを代表的な長期金利の目安としている。尚、財務省では毎日金利情報として、1年もの〜10年ものまでの各年、それに15年、20年、25年、30年、40年の情報を公開している。最近では50年ものの発行を検討しているとのメディア報道もある。

債券市場の日々の動向から、そのトレンドを読むことにより、

現状の景気、物価、為替などの国内外の経済動向やその先行きについて見通しが立てられる。また長期金融市場の動向は、日本銀行の金融政策を占う上でも重要な判断材料となる。

　現在の日本の金利は超・超低金利。郵便局に預けている普通（通常）貯金の金利は、0.001％。1万分の1の金利。100万円を1年預けて得る得られる利息は100円。そこから税金20％が引かれて手取りは80円。定期預金はどうか。郵便局の定期預金金利は現在0.010％。1000分の1だ。1月ものも、5年ものも同じ0.010％。せっかく消費にお金を使わず、じっと辛抱して貯めている金利が1月も5年も同じとはどうしても納得がいかない。

　この低金利、いつから始まったのか。1996年頃は、住宅金融専門会社（住専）の焦げ付きがあったり、政治的にも保守・革新が入り乱れ政治が不安定でもあった。1997年には消費税を3％から5％に引上げたことも経済の疲弊を呼び、この年の11月には北海道拓殖銀行、山一証券が破たんするまでになった。そして1997年のGDPは前年度比0.7％減、23年ぶりにマイナス成長を記録した。

　この頃の政策金利は不況対策としてゼロ％近くまで低下していたが、政府・日銀は超低金利政策と合わせ量的金融緩和を実施した。

　こう見ると、日本の低金利は25年程継続しており、未だ回復の見通しも立っていない。

　超低リターンでは、投資の世界から見ると日本債権の保有はお勧めできない。

　しかし、株式よりリスクの少ない債券の保有は欠かせないとなると、やはり米国債券の保有を検討しなければならない。

米国国債

　米国で金融政策を決定する機関はFRB（連邦準備制度理事会）のFOMC。連邦公開市場委員会と言われ、年8回開催され、現在の景況判断と政策金利（FF金利）の上げ下げなどの方針を決定する。その結果は世界のマーケットに大きな影響を与え、政策の切り替え時期と金利変更幅を巡り、数ケ月〜1年ほど前から民間予測が入り乱れ、それがマーケットに影響を与える。

　その政策金利（FF金利は）2015年12月のFOMCで0.25％利上げをしてから2018年12月迄0.25％を9回続けて上げて2.50％になった。しかし、2019年6月から3回連続0.25％下げて、19年年末には据置として1.50％〜1.75％となっている。

　米国の場合、金利の上げ下げを検討する経済指標ファクターとして、特に雇用情勢、失業率、景況感指数などを重視する。

　米国経済成長は2019年7月で11年目に入って尚、史上最長記録を継続している。

　しかし、そろそろ下降期に来たとする兆候が出始めた。それが「逆イールド」。短期利回りが長期利回りを上回る状態の事をいう。

図13：過去の逆イールドと景気後退期

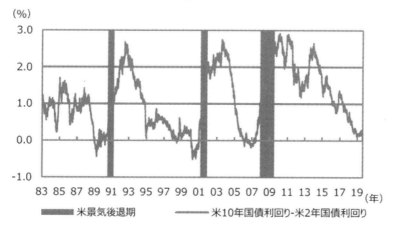

(注) データは1983年1月4日から2019年8月14日。
(出所) Bloomberg L.P.のデータおよび全米経済研究所（NBER）の資料を基に三井住友DSア
セットマネジメント作成
（資料：三井住友DSアセットマネジメント）

　過去に起きた逆イールドでは、その1年から2年後頃に景気
が後退するというデータがある。
　図13では1983年以降、米2年国債利回りと10年国債利回
りが逆転したのが過去3回あり、いずれもそれから1～2年後
に景気下降期に入っている。
　その逆イールドが昨年現出した。
　2年-10年の逆イールドは19年8月から約1ヶ月間、3ヶ月
-2年の逆イールドは19年3月から10月迄続いた。これを根拠
に、近く景気後退期が来るとする巷の声は説得力がある。

第5章

米国の独立ファイナンシャル・アドバイザー
～相談するファイナンシャル・プランナーを見つけるために～

5-1 利益相反の排除とフィデューシャリー

　証券投資をする時、勘や感覚に頼るのではなく、「フィデューシャリー」の投資アドバイザーに相談することをお勧めしたい。フィデューシャリーとは、「顧客本位の業務運営」と訳されているが、顧客サイドに寄り添った、資産形成のアドバイスをしてくれる専門家。そのポイントは、利益相反の排除である。

　一般的に証券でも、保険でも、不動産でも、販売をするとそこには販売手数料が介在している訳だが、販売する人は必ずしも顧客の利益を最大に考えている訳ではない。

　証券でも、投資信託を勧められる時、販売手数料の高い方の商品を勧められるという事は、あり得る話である。

　会社のトップも、顧客がどれくらい利益を得ているかを顧みる事もなく、手数料の高い商品を売れと号令をかけていたのは過去の事ではない。

　たとえば、日経新聞2018年7月5日の「投信で損失　個人の半数」と題する記事の中で、「ある金融庁幹部は『金融機関のトップは手数料収入の多寡は気にしても、顧客が儲けられているかは見向きしてこなかった』と批判する」とある。

　商品販売において最も問題が起きるのが、利益相反でこれは人間の性であろう。

　であるならば、利益相反にならない制度を作ってしまおうとするのは自然の流れと言える。

証券投資をする時には、担当は証券会社か銀行の資産運用担当者となるのが一般的だが、米国にはRIA（Registered Investment Advisor）と称するファイナンシャル・アドバイザーという専門家がいる。

　米国でのファイナンシャル・アドバイザーの始まり時期は1970年頃。その頃のファイナンシャル・アドバイザーにとっては、販売手数料が収入であり、彼らは保険や証券を多く売ることで収入を得ていた。電話帳を開いて、Aから順番に電話をかけて、顧客にとって必要か否かは考慮せず、手数料が稼げる金融商品の売り込むスタイルだった。商品説明も少なく、リスクの説明も不十分。

　当然「顧客から買った時の説明と違う」、「こんなはずではなかった」、「解約するから資金を返してくれ」等々のクレームが寄せられる。しかし、会社は売れ売れの号令。販売員にインセンティブ（販売奨励金）を出して、目標達成を迫って来る。

　こうした混乱に対応するため1987年、証券取引委員会（Securities Exchange Commission, SEC）は、個別銘柄を推奨するアドバイスを行う場合は、投資顧問法上の投資アドバイスとみなし、投資顧問に登録するよう通達を出した。

　時同じくして、ファイナンシャル・アドバイザーの中にも、販売手数料の多寡のみを優先する姿勢に疑義と反省の機運が出始める。1980年代には大手証券会社（ブローカー・ディーラー）、保険会社、銀行、会計士事務所などを離れ、自ら独立して登録してRIA（Registered Investment Advisor）と呼ばれるような業を選ぶ人が多くなった。

こうした人たちは、「顧客の利益を最大限にする」ための包括的なファイナンシャル・サービスの提供が必要と考え、それは最も顧客の信頼獲得につながると確信していた。今でいう「フィデューシャリー・デューティー」である。

　販売手数料を多く得るために、手数料の高い商品を売り、不要な乗り換えをアドバイスして買い替えをさせるという、これまでの営業パターンでは、長続きがしないと気が付いたのである。顧客の利益よりも自分の利益を優先させる手法を利益相反と言うが、米国では利益相反のない手法を模索した結果、RIAに行き着いたと言える。

　RIAの収入は顧客から支払われる顧問料だけ。販売手数料は受け取れない。収入の面から言えば、販売手数料を受け取るFee-Base（日本のIFA）のアドバイザーの方が良いかもしれないが、顧客にとって最良ではないかも知れない商品を売る必要のないRIAは、利益相反かも知れない販売ノルマという呪縛から解き放たれ「顧客本位」のアドバイスができるようになった。

5－2　米国アドバイザーの現状

　米国のファイナンシャル・アドバイザーを区分すると、3つの層に分けられる。

（1）Fee-Only　RIA

　Fee-OnlyのFeeとは顧問料のこと。Fee-Onlyとは、顧客との投資顧問契約に基づく顧問料だけを収入源としているRIA

米国のファイナンシャル・アドバイザー

Fee-Only RIA
報酬は顧問料のみ
利益相反なし

Fee-Based RIA
Fiduciary 原則を優先
利益相反の可能性あり

ブローカー・ディーラー、及び銀行
Suitabilityの原則を優先

運用資産残高
1億㌦以上　➡SEC（国）による
　　　　　　　　規制

1億㌦未満　➡州政府による規制

➡FINRAによる規制
（米国取引業規制機構）

のことを言う。コミッションと言われる販売手数料を一切受け取らないことが特長だ。

　日本でこの業スタイルは、金融証券取引法に基づく「投資助言業者」と言う。

（2）Fee-Based　RIA

　日本で言えば、証券会社に勤める「証券外務員」（日本ではIFA, Independent Financial Advisor と呼んでいる）を指す。証券会社の社員として株や投資信託を販売し、その見返りとして販売手数料を受け取る。証券会社の社員は時として商品の内容そのものの優劣ではなく、販売手数料の多寡によってアドバイスする商品を変化させるという利益相反がでてくる可能性が多いにあるという弱点を持っている。

　米国証券界には本来の委託手数料（ハード・ダラー）とは別に、機関投資家が証券会社に通信料や電子端末の使用料などを含み、委託手数料を多めに支払う慣習がある（ソフト・ダラーという）。毎年SECへ提出する事業報告書（ADV）では、この場合、ハードとソフトと区分して報告しなければならない。

（3）ブローカー・ディーラー

　ブローカー・ディーラーとは大手証券会社（銀行を含む）の証券販売員のこと。証券会社のことを、英語ではSecurities companyと言うが、電話線でつながっているという意味で別名Wire Houseとも言う。このブローカー・ディーラーは電話営業を切り口に、株式や債券の売り込みを行うことが多い。

ファイナンシャル・アドバイザーの動き

　独立系アドバイザーを支援している証券会社Charles SCHWABが発表している統計データを紹介しよう。

（1）RIAの数：2010年から2015年の6年間で、12,000名増
（2）ブローカー・ディーラーの数：
　　　2010年から2015年の6年間で、
　　　証券会社のブローカー　　　6.2％減
　　　独立ブローカー　　16.5％減
（3）SECへの新規登録RIA数（2015年）：
　　　44％増　過去5年間で最高
（4）RIAの2019年までの予想増加数：4.2％（年率）
（5）二重登録者の2019年までの予想増加数：2.0％（年率）
（6）RIAの今後5年間の成長見込み：
　　　独立系RIA会社の73％が成長を予測
（7）RIA会社の実績：平均預り資産額（AUM）2011年　3億6500万ドル
　　　　　　〃　　　　　2015年　5億8800万ドル　61％増
（8）RIA会社の実績：平均売上高　2011年　2百262千ドル

このデータを見ると、大手証券会社のブローカーは減少を続け、一方RIAは数も取扱残高も増えているとわかる。

RIAの会社数、人数など

米国のRIA会社の代表であるAnn Gugle氏の資料によれば、最近のRIAの現況は次の通り。　（Cerulli社の最近のデータによる）

・会社数：15,000社

　　　　他に、Meridian－IQの調査によると、2015年5月現在32,736社といい情報もある

・運用資産：2.5Tドル（約275兆円）

・認定アドバイザー数：37,000人

・独立系RIAの規模：大半（約90%）は預り資産　250Mドル（約275億円）以下

　　　　1Bドル（約1100億円）以上の運用企業は増加傾向

・独立系RIAの約半数：自己資産が50万〜500万ドル（約5500万円〜5.5億円）顧客数は100未満。

・RIA Fee：大半が資産残高の年間1%の料金

注目すべきは、RIAの取扱い金額である。約275兆円は、日本の国家予算の約2.7倍に相当する。同じ規模とはいかないまでも、いずれ日本もこうなってほしい。

また留意点として、以下の内容を指摘しておく。

Charles SCHWAB の資料と、Cerulli 社の資料とは合致していない所が多いが、それは前者は比較的規模の大きな RIA 会社を主要取引先とし、後者は中規模〜小規模 RIA 会社を取引先にしているためと考えられる。

米国の独立系 FP の投資信託の販売チャネルの分析が、金融庁のホームページにある。

それによると、日本では投資信託を買う大半の窓口は、証券会社か銀行等であろうが、米国では独立系 FP の販売量は、証券会社とほぼ同等というのだ。

ここで言う独立系 FP には、販売手数料を受け取る Fee-Base の証券外務員と、販売手数料は受け取らず顧客からの顧問料として報酬を受ける RIA 両方が合計されていると思われるが、日米のファイナンシャル・プランナーの存在感が大きく異なる評価となる背景がここにある。

図2：

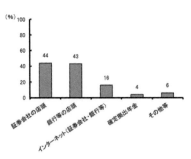

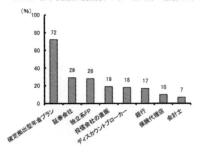

RIA の問題点

　米国の RIA 会社はその大半が小規模だ。創業者の高齢によって後継者問題も後を絶たず合併を繰り返している。RIA の 3 分の 1 が 10 年以内に退職になると見られ、M&A は活況だ。"RIA　Dealbook"（2017.9.30 現在）によると、M&A は 114 件にも達し、売り手の平均預り資産残高は 7 億ドル（約 770 億円）とのこと。

　また RIA 産業は若手人材が不足している。RIA の 75％以上が 45 歳以上で、その層が預り資産額の 9 割以上を運用している。そこで一部大学ではファイナンシャル・プランニング教育学部を創設し、卒業生が CFP を受験できるよう指導している。また証券会社のアドバイザーが、より魅力ある業態として RIA 産業に転籍しているケースもあり、若手の人材問題は徐々に改善しつつある。

5-3　ファイナンシャル・アドバイザーを支える環境

カストディアン（Custodian）

　カストディアンとは、投資家がアドバイザーの支援の基で投資をした時、投資家に代わり有価証券の管理（カストディ）を行う機関のこと。運用と管理を分離し、投資家を保護する目的がある。

カストディアンの役割は、主に以下の3つ。

1) 保管

分別管理による投資家保護

2) 運用プラットフォーム

透明性の高いポートフォリオ運用を可能にするためのプラットフォームの提供

3) 直接アクセスの提供

様々な種類のファンドに直接アクセスすることができる。またファンド会社はこうしたプラットフォームにFeeを払わなくてはならない。

Ann Gugle 氏の資料にある、Cerulli のデータによれば、主要カストディアンと RIA の利用割合は次のようになっている。

Charles SCHWAB	52%
TD Ameritrade	39%
Fidelity	29%
Pershing	11%

米国では、ファイナンシャル・アドバイザーを支えているソフトウェアは多数ある。

下記は Ann Gugle 氏の事務所で使用しているソフトウェアの一部。

当然、使用に当たっては使用料が発生するし、表記言語は英語である。法律制度は米国法に基づいているので、そのまま日本で導入できないが、無料使用期間内で試すことができるので試してみても良い。

米国の FP 事務所で良く使用されているテクノロジーは次の通り。

1）ファイナンシャル・プランニング

Money Guide Pro

https://www.moneyguidepro.com/ifa/home/products

RIA 事務所の約5割が使用しているようだ。

費用も単独の場合で月50ドルから125ドルで、内容に違いがある。複数人数のアドバイザーの場合には、顧客への提出リポートの内容、書式などの対応もしてくれるので、費用は見積もりになる。

他には、eMoney というソフトもある。

2）ポートフォリオ運用・管理レポート

Portfolio Center, Orion, Black Diamond

3）ファンド評価ツール

Morningstar　TRX

4）顧客管理システム

Junxure

5）リスク許容度計算

Finamertrica

6）データ統合システム

Aqumulate

準拠法

1）投資顧問業法

　米国のファイナンシャル・アドバイザーは、1940年投資顧問業法（Investment Advisers Act of 1940）等により規制されている。第1次世界大戦後、小口投資家の数が増え、それに呼応する形で独立業者が増えた。中には悪徳業者も現れ、それらを規制する必要性が高まった。

小口投資家保護のためできたのが、「1940年会社法」と「1940年投資顧問業法」だ。

　投資顧問業法は、投資アドバイスを受ける人々を利益相反から守り、情報を開示することにより保護すると謳っている。

　その後増大する登録業者に対応するため、1996年大幅な改定を行い、大規模業者はSEC登録、小規模業者は州登録とした。これにより、改訂前は22,500社もいたSEC登録業者が、約8,000社に減少した。

2) ドッド・フランク法

　2011年7月に、2008年のリーマンショックを引き起こしてしまったことを反省し、包括的かつ大幅な金融改革を行うためのドッド・フランク法が施行された。

　この法律は投資顧問業者を連邦政府の証券取引員会（SEC）に登録する・しないに係る基準を次の2つに区分けしている。159ページのピラミッド図を参照願いたい。

(1)　連邦SECに登録が必要な業者　100万ドル以上の預り運用資産を有する者

(2)　州政府に登録が必要な業者　100万ドル未満〜25百万以上の預り運用資産を有する者

3) 投資顧問業に係る規制

(1)　投資顧問業者の定義

　1940年投資顧問業法202条では、投資顧問業者の定義を次のように定めている。

1) 報酬（Compensation）を得て

2) 業務（Business）として、

3) 他の者に対し、

4）証券に関するアドバイスの提供、推奨、レポートの発行、分析の提供を行う者

　1987年のSECの省令では、ファイナンシャル・プランナーや年金コンサルタントについても、投資アドバイスを提する者は、同法が適用されると定められた。

　定義から除外される者（投資顧問業者に該当しない者）としては、銀行、投資顧問サービスの提供が本来業務に付随的である場合における法律家、会計士等と規定されている。
　ブローカー・ディーラー（証券業者）については、一部例外を除いて報酬形態の如何を問わず、投資顧問業者としてSECへの登録が義務付けられた。

（2）投資顧問業に係る規制
　　投資顧問業法206条は、投資顧問サービスに関して、フィデューシャリー（受託者責任）の観点から禁止行為を定めている。同法には、フィデューシャリー（受託者責任）についての直接的な規定はないが、判例により、「受託者として投資顧問業者は顧客に対し忠実義務を有しており、顧客の同意なしに利益相反となる行為を行ってはならない」、あるいは「投資顧問業者の最も重要な義務は忠実義務である。この義務は重要な事実については完全かつ公平な開示を行わなければならないという絶対的な義務を含んでおり、したがって利益相反がある場合にはそれを除去するか、あるいは最低限開示をしなければならない」とされている。
　この206条はSEC登録者と州政府登録者のみならず、登録

していない場合においても適用される。

(3) 最良執行

　投資顧問業者は、顧客の証券取引に関し、最良執行を追求することが義務とされている。最良執行とは、単に可能な限り低い手数料率で業務を執行することが義務づけられているのではなく、最良品質の執行になっているかどうかを追求することを意味している。

　たとえば、証券業者から提供される調査サービスの価値、執行の能力、手数料等を総合的に判断して、執行をしなければならない義務を負っているのである。

(4) 広告規制

　SEC規則206 (4) － 1には、SEC登録の投資顧問業者が、重要事実について虚偽の内容を含む、あるいは誤解を招くような広告を行う行為を禁止している。

　投資顧問業者は次の場合には、運用実績データの広告は行ってはならないとしている。

　　1) 広告される運用実績と関連する重要な市場・経済状況が与える影響についての開示を行わない場合

　　2) 配当その他の利益の再投資をどの程度まで当該広告が反映しているものか、あるいは反映していないかについての開示を行わない場合

　　3) 損失を被る可能性を併せて開示せずに、利益が得られる可能性のみを示唆あるいは主張する場合

日本でも証券取引等監視委員会の検査結果によると、「金融商品取引の締結またはその勧誘し関して、虚偽の表示をし、ま

たは重要な事項に付き誤解を生ぜしめるべき表示をする行為」
により、勧告を受けた件数は、2016年度以来全48件中、22件
が社名と共に公表されている。

　広告により、虚偽の情報や、誤解を与える行為が後を絶たな
いのは、証券市場への信頼性を失う行為であり、厳にしてはな
らない行為である。

　米国では、1960年代に保険のセールスがファイナンシャル・
プランナーとして顧客の資金計画などに基づく、生命保険、年
金保険、傷害保険をセットで販売していた。

　ファイナンシャル・プランニングという言葉が使われたのは
1969年、投信セールスマンのローレン・ダンカンが「商品を売
るだけでなく、顧客の役に立つサービスやアドバイスを顧客に
提唱したい」とし、有志11名で現在の米国Financial Planning
Association（FPA）の前進である「インターナショナル・アソ
シエーション・フォア・ファイナンシャル・プランニング」を
設立したところから出発した。

　その後、専門性を高めて職業として確立していく動きが進展
し、CFP（Certified Financial Planner）制度がつくられ、
2018年末には米国CFPの数は、83,106名となっている。

　米国においては、日本と違ってAffiliated Financial Planner
（AFP）と言う資格制度はなく、ファイナンシャル・プランナ
ーは全員AFPより上級なCFPを意味する。

　米国ではファイナンシャル・プランナー組織としては、大き
な集団としてFinancial Planning Association（FPA）と、FPA
より規模は小さいがよりプロ集団のThe National Association
of Personal Financial Advisors（NAPFA）の二つの集団がある。

（1） FPA

　Financial Planning Association® は米国、コロラド州デンバーに本部をもつCFP® の団体。その構成はCFP®、学生、ファイナンシャル・プランナーを支える人たちなどによって運営されている。会員数は約70,000万人。

（NAPFA 2019 Fall Chicago Conference）

　FPA の目標は、「ファイナンシャル・プランニングにより、人生を変える専門性を高めること」である。
　CFP® は、人々の資産の目標と夢の実現を支援するために努力をする人のことである。
　その為に非常に高い倫理規定を設け、常に研修によって繰り返し倫理の学習をしている。
　彼らは、学習を絶やすことなく、2年間で30時間の継続教育を受けなければならない。日本でも同じく30

時間制をとりいれている。

　米国CFP®は継続して次のような6科目の学習を求められる。
- ・不動産計画
- ・退職計画
- ・投資管理
- ・税務計画
- ・福利厚生
- ・保険

（2）NAPFA

　CFP®である筆者も加盟している団体である。

　1983年創立された"Fee-Only"のファイナンシャル・プランナーの団体。本部はシカゴ。

　メンバーは約3,000人。Fee-Onlyとは、金融商品を販売して、販売手数料を受け取る手段をとらない人々で構成されている。

　販売手数料を受け取るのではなく、Fee（報酬）として顧客から顧問料として受け取るのみを意味する。これは、自分の利益を優先させ、顧客の利益を阻害する行為、つまり「利益相反」行為を未然に防止することにある。

　金融商品の勧誘の際に、販売員はその商品が顧客にとって最適か否かよりも、販売手数料の多寡によって決められる事例は多数有り得ることだ。

　そこで商品の販売をしないことにより、顧客の最大の利益のために業務ができるという環境を作ることができる。

　NAPFAのメンバーは、次の三つの重要な価値を求めら

れる。

1）個人及び家族の為、独立しそして客観的な資産の助
言の指針となること

2）社会でファイナンシャル・サービスを行う最高位の
位置になること

3）新たなファイナンシャル・プランニングの専門職へ
の標準的な担い手になること

このNAPFAの最大の特徴は、「常に顧客の利益の最大にす
る」人々の集まりであること。これを"Fiduciary"（フィデュ
シュアリー）と呼んでいる。

このフィデュシュアリーの考え方を日本でも取り入れ、金融
庁でも「顧客本位の業務運営」と呼んでいる。

第1章参考資料

金融庁 「国民の安定的は資産形成とフィデューシャリー・デューティー」 平成 28.7.6

日本 FP 協会 「FINANCIAL PLANNING」FPTEXT1 より

文部科学省 「平成 28 年度子供の学習費調査」

日本政策金融公庫 「教育費負担の実態調査」平成 28 年版

CFP Board「CORD & STANDARD」2019.10.1

日本 FP 協会「ファイナンシャル・プランニング ジャーナル」19 年 12 月号

モーニングスター 2019 年 12 月 5 日時点

第2章参考資料

公益財団法人 生命保険文化センター ホームページ

コバヤシ アセットマネージメントのホームページ

http://kobayashi-am.jp/journal/

第3章参考資料

野村資本市場研究所 「確定拠出年金の可能性」―iDeCo の登場と運用改善の期待― 野村亜紀子

金融庁「平成 28 事務年度金融レポート」より

三菱 UFJ 信託銀行 用語解説より

厚生労働省 19.4.12「iDeCo を始めとした私的年金の現状と課題」P35

野口悠紀雄著 「戦後日本経済史」

小学館「戦後史年表」

第4章参考資料

「新・証券投資論―理論編」日本経済新聞社

東洋経済新報社 米国会社四季報 2019 年春夏号

日本証券経済研究所 「図説アメリカの証券市場」2019 年版 P134

出典：東京証券取引所 Web サイト

出典：日本証券業協会 Web サイト

出典：Wikipedia「JPX 日経インデックス 400」

出典：日本経済新聞出版社 「REIT で資産運用徹底ガイド 2020 年版」

MSCI 社 「MSCI Emerging Markets Index」Web サイト

ベンジャミン・グレアム 「証券分析」(1934 年版) 第 4 章 「投資と投機」

ロバート・G・ハグストローム 「バフェットの法則」第 2 章 「バフェットの教育」

ロバート・P・マイルズ 「バフェットの投資の王道」

読売新聞社説 19.2.13

水戸証券 HP より

野村資本市場研究所資料より

ニッセイ基礎研究所「減少するアメリカ企業―株式市場を敬遠する新興企業」
野村資本市場クォータリー 2019　Spring
小学館　日本百科全書
日経新聞 19.7.20
自分銀行　Web サイト
GPIF　2018 年度運用状況
日興アセットマネジメント　Web サイト「世界の ETF 事情」
PIMCO　Web サイト「アクティブ運用とは」
チャールズ・エリス「インデックス投資入門」
ロバート.P.マイルズ　「バフェット　投資の王道」
SMBC 日興証券　用語集
野村資本市場研究所　http://www.nicmr.com/nicmr/data/market/stock.
　pdf
総務省　家計調査（貯蓄・負債編）
中村学園大学　芳川卓也氏資料

第 5 章参考資料
沼田優子著　「投資アドバイスとは何か―フィデューシャリーとしての米国
　証券営業担当者からの事例から」証券経済研究　2017.9
Charles SCHWAB "Exploring Independence" 2017
Ann Gugle　CFP Ⓡ CPA, Alpha Financial Advisor　代表
日本証券経済研究所　杉田浩治　「米国のファイナンシャル・プランナー」
　―その現況と新しい動き　2015.9.18
日本 FP 協会　「世界の CFPⓇ 認定者数」
公益財団法人　日本証券経済研究所　「アメリカの証券市場 2019 年版」　第
　12 章投資顧問
証券取引等監視委員会「最近における証券取引等監視員会の検査状況につい
　て」

■著者紹介

コバヤシ　アセットマネージメント　所長

小林　治行（こばやし はるゆき）

CFP®、1級ファイナンシャルプランニング技能士、宅地建物取引士

投資助言業

大手機械メーカー、欧州自動車メーカーの日本法人の後、2005年ファイナンシャル・プランニング業と不動産賃貸の㈱コバヤシ・アセットマネージメントを設立。ライフプランニングを基盤とした、長期運用を基にした資産形成を個別に提案。毎年アメリカFP制度研究の為、アメリカFP大会に参加（2019年までに計13回）。15年5月、FP業に加え法律により金融商品販売をしてはならない「投資助言業」を登録。〈投資助言業　関東財務局長（金商）第2841号〉。市民後見人（東京大学・筑波大学共催の「市民後見人養成講座」第3期生）。早稲田大学政経学部卒

顧客本位の投資顧問が教える　資産形成の王道

2020年7月31日　初版第1刷発行

著　者　　**小 林　治 行**

発行者　　**中 野　進 介**

発行所　　株式会社 **ビジネス教育出版社**

〒102-0074　東京都千代田区九段南4-7-13
Tel 03 (3221) 5361／Fax 03 (3222) 7878
E-mail info@bks.co.jp　URL https://www.bks.co.jp

印刷・製本／中央精版印刷株式会社　　落丁・乱丁はお取替えします。

ISBN978-4-8283-0819-7